耶路撒冷三千年

JERUSALEM
The City That Changed the World

精華改寫 × 全彩插畫

改變世界的 30 個關鍵瞬間

賽門・蒙提費歐里 SIMON SEBAG MONTEFIORE ——著
瑞伊・里卡多 RUI RICARDO、凱薩琳・羅烏 CATHERINE ROWE ——繪
徐彩嫦——譯

獻給我親愛的女兒麗蘿契卡

和兒子沙夏——賽門・蒙提費歐里

獻給我的女兒蘿拉

——瑞伊・里卡多

獻給我的姊妹：

麗琪與哈莉葉——凱薩琳・羅烏

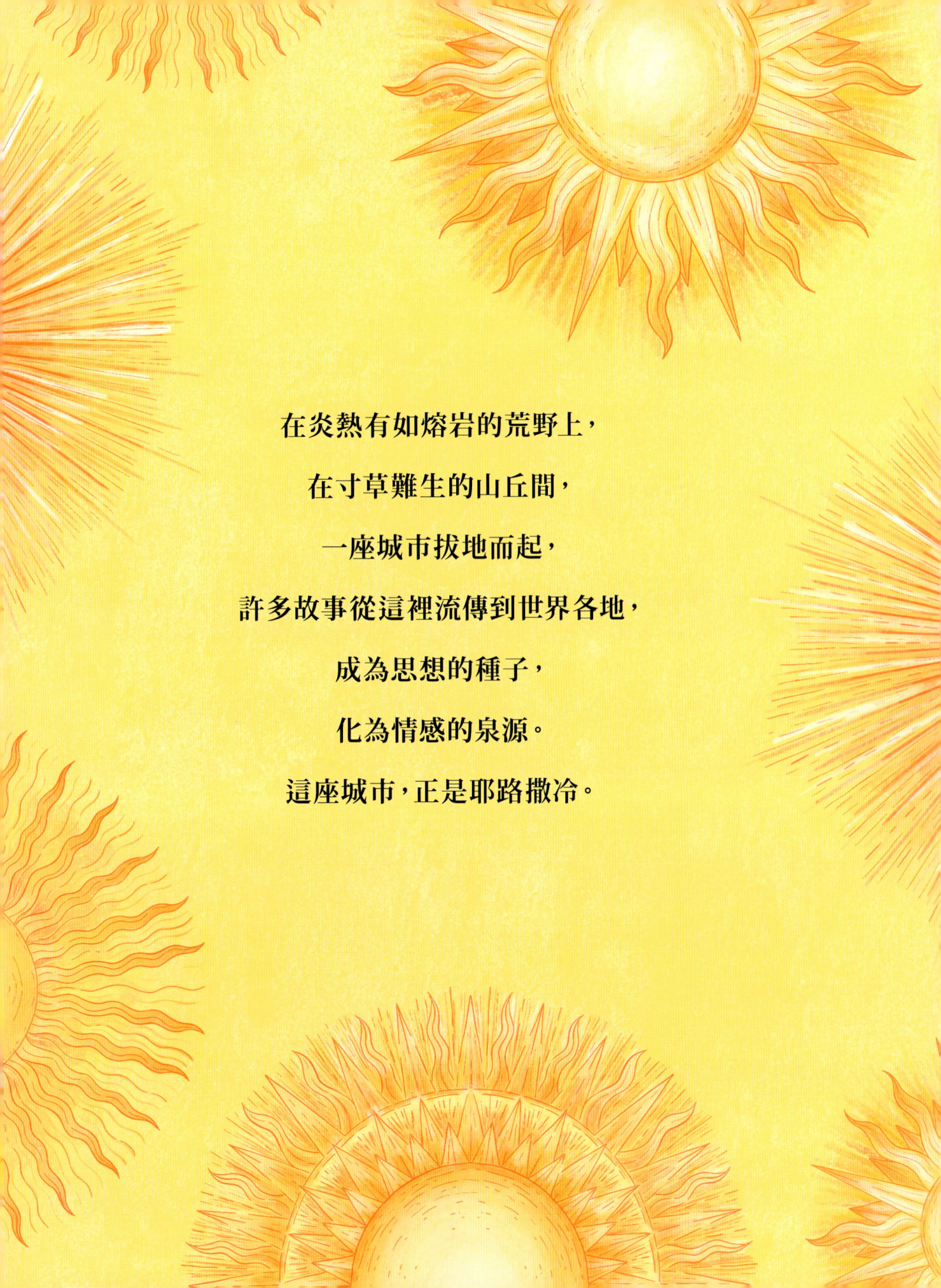

在炎熱有如熔岩的荒野上，

在寸草難生的山丘間，

一座城市拔地而起，

許多故事從這裡流傳到世界各地，

成為思想的種子，

化為情感的泉源。

這座城市，正是耶路撒冷。

目錄

導言　由故事建造的城市　006
前言　擁有許多名字的城市　008

第1章
猶太人的聖殿

01　第一任國王　012
02　撲向羊圈的狼　016
03　世界的終結　019
04　偉大的波斯王　024
05　象兵部隊　027
06　光明與鐵鎚　030
07　埃及女王與猶大國王　034
08　美麗的鬼魂　037

第3章
聖所：穆斯林的耶路撒冷

13　穆罕默德的夜行　060
14　十字軍東征　063
15　獅心王理查與蘇丹薩拉丁　068
16　豹與鷹　071
17　蘇雷曼大帝、修蕾姆與塞利姆　073

第2章
基督之城

09　耶穌基督　042
10　陷落　047
11　星辰之子與蛇　051
12　十字記號　053

第4章

耶路撒冷再度崛起

- 18　欽定本《聖經》 078
- 19　拿破崙對戰屠夫 082
- 20　英國旅人與新城市 085
- 21　聖火與教士群毆 087
- 22　最後的十字軍 092
- 23　聖殿山尋寶 095
- 24　兩個承諾 097
- 25　英國託管時期（極簡版） 101
- 26　穆夫提的反抗 104
- 27　大明星公主 106

第5章

三種信仰，兩個民族，一座城市

- 28　納粹大屠殺 110
- 29　災難與復國：最後的國王與以色列國 114
- 30　六日戰爭以來：以色列與巴勒斯坦的長期衝突 116

後記　在金黃色的晨光裡 120

詞彙解釋 122

致謝 126

導言
由故事建造的城市

　　小時候，我常去耶路撒冷；長大後，也一再重遊舊地，因為這座城市所代表的神祕、美麗與殘酷始終吸引著我。那裡的故事儘管充斥著血腥，卻也發人深省，使我既震驚又為之著迷不已。耶路撒冷的重要地位促使我寫下它的故事，然而相關歷史紀錄混雜了大量的傳說與謊言，完整交代故事的全貌因此變得困難重重。有不少人宣稱這是專屬於他們的城市，但我認為，這是許多人共有的城市；尊重不同人的故事，這座城市才有可能實現和平。而我寫這本書就是想讓大家知道：

在耶路撒冷……

一磚一石,
　　都有故事。

前言
擁有許多名字的城市

　　在炎熱有如熔岩的荒野上，在寸草難生的山丘間，一座城市拔地而起，許多故事從這裡流傳到世界各地，成為思想的種子，化為情感的泉源。

　　這座城市有「聖城」、「王者之城」、「聖地」等名稱。構築城市所用的是石頭，真正讓城市成形的關鍵則是故事：這裡既有神聖且振奮人心的故事，也有悲傷又慘烈的故事──許多故事都是血淚斑斑。

這裡是猶太人建立聖殿的地方，是耶穌基督被釘上十字架的所在，也是先知穆罕默德乘坐飛馬前往的目的地。不同族群競相爭奪這裡的所有權，他們在戰場上述說的每個故事，都是這座石砌城市的一部分。這座城市有許多名號（至少有七十個），每個名字都源於人們的愛戴與渴求，可見它的地位有多崇高：

耶路撒冷、愛利亞·加彼多連（AeliaCapitolina）、聖所（al-Quds）、聖堂（Bayt al-Maqdis）、錫安（Zion）⋯⋯來來去去的征服者把它當成戰地破壞，也把它當成聖地朝拜，使得它經歷多次圍城，在戰火中屢屢淪陷、化為廢墟，然後又經由重建煥然一新。

這是唯一一座同時存在於人間與天堂的城市。東邊的城牆有一扇大門，穆斯林和基督徒稱為「金門」，猶太教徒稱為「仁慈之門」。這三大宗教都認為，世界末日會降臨在此門之前。千百年來，有千千萬萬人相信這座城是世界的中心——即便到了現在，這裡依然是世界的中心。更特別的是，無論有無宗教信仰，無論居住在什麼地方，每個人都能感受到它的魅力，任何人都能對它產生共鳴，因為這裡的故事，也是全世界的故事，而這座世界之城有個不可思議的名字。

這座城市，名為耶路撒冷。

亞歷山大大帝

這位國王來自古希臘北部的馬其頓，年紀輕輕就征服了整個波斯帝國，在那之後的一百年間，耶路撒冷深受希臘文化及希臘統治者的影響。

所羅門王

大衛王的兒子。根據《聖經》，所羅門成為猶大國王後，在耶路撒冷的聖殿山上興建猶太教聖殿。

大衛王

根據《聖經》，猶太人大衛原是牧羊人，成為戰士後，擊敗高大的敵人歌利亞。後來他成為猶大的國王，在耶路撒冷建立首都。

第1章
猶太人的聖殿
西元前1000年至0年

屋大維（奧古斯都）

屋大維是羅馬政治人物，原本與馬克・安東尼共享權力，後來他擊敗安東尼，改名為奧古斯都，成為羅馬帝國的開國君主。

大希律王

希律是羅馬統治者任命的猶大國王，他在聖殿山上修築了宏偉的聖殿。

克利歐佩特拉

埃及女王。來自羅馬的尤利烏斯・凱撒和馬克・安東尼先後成為她的情人，她企圖在他們的協助下建立新帝國，並有意奪取耶路撒冷。

～世界地圖中的耶路撒冷～

耶路撒冷

～《聖經》中的聖地～

馬其頓王國

愛琴海

亞述帝國、巴比倫帝國與波斯帝國

大馬士革

地中海

以色列

耶路撒冷

猶大

埃及

尼羅河

紅海

鐵鎚猶大

猶太統帥。他率軍反抗希臘人安條克四世統治的塞琉古帝國，然後跟兄弟一起建立屬於猶太人的新王國。

01
第一任國王

　　三千多年前，有一座位於山頂上的小堡壘，裡面有泉水的水道與神廟，周遭則是酷熱又崎嶇的山丘。當時應該沒人能預料到，這座小型要塞會成為舉世皆知的千古名城，而我要說的故事也將從這裡展開。

　　一切都要從大衛這名奇特的男子說起——他是牧羊人，喜歡彈奏里拉琴（一種類似豎琴的古代樂器）。他居住的「迦南」位於地中海沿岸到約旦河畔一帶，相當於現今以色列、巴勒斯坦、黎巴嫩和約旦所在的位置。在那個時代，迦南已是不同族群爭相占領的地方，經常發生戰爭侵擾。想入主這塊土地的族群包括居住在海岸的非利士人與腓尼基人，還有靠近內陸的其他族群，例如以色列人（Israelites）。

　　非利士人敬拜許多神祇，以色列人則只信仰一位沒有固定形象且全能的神。掃羅王統領的以色列人經常與非利士人交戰。有一次兩軍對陣時，非利士巨人歌利亞要求以色列人跟他單挑，大衛身上雖然只有投石環索，卻自告奮勇對戰巨人，結果他手一甩，就把一顆石頭打進歌利亞的額頭中央，最後他割下巨人的頭顱，宣示勝利。

以色列人對既年輕又英勇善戰的大衛萬分敬佩，掃羅也很快就提拔他為軍事統帥。他跟掃羅的兒子約拿單成了好友，並與掃羅的女兒米甲公主結婚。但後來掃羅對大衛的嫉妒越來越病態，人也越來越瘋狂，最後竟下令追殺大衛。在米甲的協助下，大衛成功逃脫，躲進沙漠裡的洞穴，他的父系家族也與他同進退，後來大衛成了盜匪的首領。

　　聽聞掃羅和約拿單在山區戰死，大衛惋惜好友英年早逝之餘，不禁悲嘆：「以色列啊，你尊榮者在山上被殺！大英雄何竟死亡！」然而，大衛卻也在這時登上人生顛峰：「**猶大**」(Judah) 這個位於迦南地區南部的支派推舉他當王，北迦南的支派也如此。為了維持南北支派的和平穩定，大衛希望在中立地帶找地方建立首都。這時，他想起迦南人在某座山頂上建造的小型要塞及神廟。那座山名為摩利亞山，還有一個別名是錫安。那座城市還有過幾個名字，其中最廣為人知的是耶路撒冷。

　　統一以色列王國後，大衛選擇在摩利亞山建立首都。他將約櫃放到山頂，宣告這裡是**猶太**的神耶和華的居所，接著又在山上建造宮殿做為自己的居所。就這樣，大衛從殺死巨人的牧羊人變成君王，在埃及帝國與東方帝國之間統治他的小王國。根據《聖經》記載，當時周圍各帝國的局勢非常混亂，大衛也趁機獲取更多土地，擴張王國的勢力範圍。

　　許多年過去，大衛一直表現得堪稱完美；不過世上不存在完美的國王。某天，中年的大衛在王宮屋頂上休息時，看到了

> 約櫃是一只華麗的木箱，裡面裝著刻有十誡的石板、具有神聖地位的權杖，還有一罐嗎哪（可能是一種蜜露）。這是古代以色列人心目中最重要的聖物。

一位美麗的女子，名叫拔示巴，她的丈夫烏利亞是大衛的軍官。大衛愛上拔示巴，不惜任何代價要得到她。經過一番謀畫，他命令烏利亞前往戰場，烏利亞也不出所料戰死了。大衛娶了拔示巴，並生下一個兒子，取名所羅門。大約在同一時期，大衛的家族發生了一連串悲劇：長子暗嫩被另一名兒子殺害，凶手是相貌俊美、有著一頭茂密長髮的押沙龍，還正好是大衛最喜愛的兒子。後來，押沙龍發動兵變，傷透了心的大衛只能下令掃蕩叛軍。押沙龍騎著馬逃避追捕時，因為頭髮纏到樹枝無法脫身，最後遭到殺害。大衛為此悲慟哭喊：「我兒押沙龍啊！我兒，我兒押沙龍啊！我恨不得替你死，押沙龍啊，我兒！我兒！」

　　離世前，飽經磨難的大衛王傳位給兒子所羅門，而所羅門也成為睿智的偉大君主。在摩利亞山的巨石上，所羅門王為耶和華興建了一座宏偉的聖殿，現在許多人依然稱那座山為**「聖殿山」**（Temple Mount）。在所羅門王的時代，聖殿山最引人注目的巨石上，有個空無一物的神聖空間，名為**「至聖所」**（Holy of Holies）——正是耶和華的居所。

　　從此以後，耶路撒冷便成為聖城。

02
撲向羊圈的狼

耶路撒冷的新王羅波安雖是所羅門王的兒子，但他沒有父親的聰明才智。在位長達四十年的所羅門王逝世不久，以色列人開始抱怨耶路撒冷課徵的稅太重。羅波安得知後斥責：「我父親用鞭子責打你們，我卻要用蠍子鞭責打你們。」這種做法自然無法贏取任何好感。很快的，人民群起反抗。北方支派脫離以色列王國的統治，建立了一個較小的新王國，仍被稱為以色列。羅波安留在耶路撒冷，南方的猶大王國則繼續由大衛王的後裔統治──猶大（Judah）正是猶太（Jewish）一詞的起源。

但這兩個王國的危難時刻終究還是來了──在遙遠的北方，也就是現今伊拉克所在的地方，有一匹凶猛的狼正在用飢渴的目光打量聖城，這匹狼叫做亞述帝國。羅波安去世多年後，亞述帝國征服了位於底格里斯河與幼發拉底河之間的美索不達米亞平原，並向地中海沿岸擴張版圖。這

時，亞述大軍正步步逼近南方的耶路撒冷。亞述王提革拉毗列色三世（Tiglath-Pileser III）對自己的殘暴十分自傲，他下令把行刑場面刻在紀念碑及王宮牆上，例如剝人皮和砍頭等，希望所有人看了都會害怕，並對他唯命是從。確實，大多數時候，這招很有效。

在耶路撒冷，猶大國王亞哈斯想不出辦法，便找能預知未來的祭司以賽亞商量。以賽亞預言：有一位王子將守護耶路撒冷，他的名字叫「以馬內利」（Emmanuel），意思是「**神與我們同在**」。就算耶路撒冷灰飛煙滅了，另一個屬於天堂的耶路撒冷仍會存續，並成為所有人心目中的神聖所在。從預言出現的這一刻起，耶路撒冷就成了世上唯一有兩種型態的城市：同時存在於人間與天堂。

不僅如此，以賽亞還預言：審判日到來時，神聖的君主**彌賽亞**會降臨，所有死者都將復活。後來，以賽亞的預言成為**猶太人、基督徒與穆斯林**的宗教思想基礎之一。但這些預言對亞哈斯沒有助益，他還是不確定該怎麼辦。最後，亞哈斯決定親自前往大馬士革，向亞述王表示效忠。

另一方面，以賽亞把亞哈斯的兒子希西家當成「以馬內利」。亞哈斯死後，繼位的希西家開始醞釀一些計畫，企圖反抗亞述帝國。不巧的是，自稱「世界之王」的新任亞述王西拿基立精力無窮又好戰，先一步決定用武力奪取耶路撒冷。

為了因應圍城戰，希西家著手強化耶路撒冷的防禦工事。他還必須解決供水問題，因為基訓泉（Gihon Spring）位於城牆外，而亞述大軍已開始往朝南前進，時間不多了。若要將泉水引入城內，工匠必須在岩石中開鑿長約五百公尺的隧道，於是他下令兩組人馬同時開工，一組從城外泉水下方開鑿，另一組則從城牆內開挖。這個辦法果真加快工程進度，

兩組工匠在隧道中相遇時，還在岩壁上刻字紀念。現在我們若前往耶路撒冷，不但能像他們那樣進出隧道，還能在岩壁上看到他們留下的文字（雖然原件已移到博物館保存）。

不久後，西拿基立率領亞述軍隊到來，受到圍困的耶路撒冷宛如籠中之鳥。猶太人向埃及求援，但西拿基立擊敗了埃及派來的援軍。就在一切看起來毫無勝算時，垂垂老矣的以賽亞再度預言：耶和華會拯救耶路撒冷。

他說中了。那天晚上，亞述軍隊突然爆發傳染病，到了清晨，軍營裡已到處都是屍體。但為了確保西拿基立心甘情願回到亞述，希西家還是獻上許多金銀財寶求和，最後西拿基立果然退兵了，耶和華果真如他們所願伸出了援手……至少猶太人是這麼想的。再後來，亞述帝國衰微了，另一個邪惡帝國巴比倫（位於現在的伊拉克）立刻取而代之，而且也跟猶太人的其他鄰居一樣，對耶路撒冷垂涎不已。

03
世界的終結

　　西元前640年左右，聖城耶路撒冷人口眾多，一片欣欣向榮，國王約西亞既有充盈的國庫，也有扎實的施政能力。他砸爛了其他宗教的神明塑像，提倡大家信仰唯一真神耶和華。約西亞相信，猶大王國即將迎接國富兵強的新時代，而人民也視他為新一代大衛王、彌賽亞，說他是前所未有的好國王。

　　好景不常，埃及人為了阻止巴比倫帝國繼續擴張，突然從南邊入侵猶大王國。約西亞緊急出兵抵擋埃及軍隊，結果在米吉多戰死。這場敗仗後來成為「哈米吉多頓」（Armageddon）的字源，英文使用者會用來比喻「毀滅性災難」。

　　雖然埃及人打敗了弱勢的猶太人，但遇上氣勢如虹的巴比倫帝國，根本不是對手。巴比倫王尼布甲尼撒殘酷無情，不僅接收了亞述帝國的所有領土，還攻破耶路撒冷，將一萬名猶太人押送回古老的都城巴比倫城。

　　隨著帝國越來越強盛，巴比倫城也發展成壯觀的大城市，尼布甲尼撒的宮殿更是金碧輝煌：伊什塔爾城門有四座以藍釉磚堆砌而成的塔樓，牆面還有獅子、公牛和龍的裝飾圖樣──現在仍然看得到。而且，為了撫慰思念故鄉的王后，這位世界之王還打造了巴比倫的空中花園，重現王后故鄉的綠意盎然。

此外，他還在宮殿中建造稱為「廟塔」的塔形神廟，不僅高大，且色彩繽紛，來自世界各地的觀賞者看了，無不為之目眩神迷。由此可以想像，巴比倫城裡的人過著安逸快樂又奢華的生活。

然而,尼布甲尼撒新冊封的猶大國王西底家一回到耶路撒冷,還是決定反抗可惡的巴比倫征服者。尼布甲尼撒一接到消息,便迅速出兵,打算懲罰耶路撒冷。

首先,他用圍城阻絕耶路撒冷人的食物來源,讓他們挨餓。等到大軍終於進城,便開始殺人放火,連西底家都只能眼睜睜看著所有兒子遭到處決。接著,尼布甲尼撒集合全城居民,下令將成千上萬猶太人流放到巴比倫,最後還命令軍隊夷平所有王宮與聖殿。這既像是猶太人的末日,也像是耶路撒冷的末日;但令人意外的是,一切還有轉機。

流亡到巴比倫的猶太人痛恨自己所在的這座壯麗城市,說巴比倫人是「行毀壞可憎的」,心心念念只有失陷的耶路撒冷。他們唱歌懷念故城:「我們在巴比倫的河邊坐下,一追想錫安就哭了。」同時自問:「我們怎能在外邦唱耶和華的歌呢?」於是他們開始將耶路撒冷的故事寫成一系列文書,講述世界的起源與猶太民族的故事,而且他們相信,這些故事是由神親自口述給摩西的。在希伯來文中,這些文書稱為**《妥拉》**(Torah),也就是《摩西五經》,日後這些文書會繼續擴充,成為人盡皆知的一本書:《聖經》。

　　耶路撒冷毀滅了，但它的魅力絲毫不減。尼布甲尼撒帶來的煉獄之災反而讓這座城市在意義上顯得更為神聖。無論如何，猶太人依然渴望重返耶路撒冷。

　　至於尼布甲尼撒，《聖經》曾寫到他喜愛的兒子後來發瘋了，但巴比倫帝國依然繁榮興旺。有一天，巴比倫王子伯沙撒舉行奢侈浪費的宴會，邀請猶太人和大臣一同參加，宴席上的一些食物還用從耶路撒冷聖殿偷來的金器盛裝。正當這位君主與他的賓客大吃大喝時，突然有人看到一隻手在牆上寫：

彌尼，彌尼，提客勒，烏法珥新。

　　這是一道密語，警示人們邪惡巴比倫帝國的好日子所剩無幾了。果不其然，不久後，一支民族從東方（現在的伊朗）朝著巴比倫進軍——這些波斯人是一群穿著羊皮大衣和馬褲的優秀騎手。後來，他們的君王居魯士征服了巴比倫，而且他並沒有忘記猶太人。居魯士做了一件事，徹底翻轉耶路撒冷的命運……。

04
偉大的波斯王

波斯的居魯士大帝創造了另一種帝國：他並不恐嚇或流放人民，而是讓人民知道，只要向他臣服，他們可以敬拜任何想拜的神。這種觀念不但新穎，也很明智。居魯士讓猶太人回到故鄉猶大，將耶路撒冷歸還給他們，甚至提議幫他們重建聖殿。他的慷慨大方讓猶太人覺得，他可能是傳說中的彌賽亞。

有一天，東方的斯基泰人來襲，居魯士率領騎兵前去抵抗。照理說應該能輕鬆獲勝的居魯士不料竟成了俘虜，斯基泰女王看不慣他四處侵略，便砍下他的頭，泡在裝滿血的酒囊裡，以滿足他引發戰爭、掠奪他人領土的嗜血渴望。

居魯士的波斯帝國在他死後依然存續。名為大流士一世的男子接管了帝國的權柄，讓疆域變得更廣闊。他還出資重建耶路撒冷的猶太聖殿，並下令所有相關安排「當速速遵行！」。大流士在位期間，猶太人在第一聖殿的原址重建了第二聖殿，但有些老人一看到這座小聖殿，便回想起從前的聖殿有多宏偉，忍不住淚如雨下。這時，耶路撒冷還只是一座小城，看起來十分冷清。

大約五十年後，大流士的孫子亞達薛西有個專門為他侍酒的猶太侍從，名叫尼希米。尼希米有感於亞達薛西對自己的信任日益增加，於是說出耶路撒冷面臨的困境，希望能改變城市窮苦、破敗的慘況。沒想到，亞達薛西直接指派尼希米治理耶路撒冷。很快的，聖殿再度輝煌，城市再度振興，猶大地區也持續由波斯王的猶太臣屬管理。強大的波斯帝國彷彿能持續千秋萬代，但世上沒有事物是永恆不變的……。

05
象兵部隊

　　在希臘北部山區，有個叫做馬其頓的王國，國王腓力二世有個二十歲的兒子，名為亞歷山大，年紀輕輕就想締造偉大成就。西元前336年，亞歷山大親眼目睹堅毅果敢的老父王遭到暗殺——事實上，暗殺事件的幕後黑手很可能就是亞歷山大本人或他的母親。無論背後的真相是什麼，亞歷山大因此繼位為王。

　　腓力二世早已稱霸所有希臘城邦，亞歷山大繼位後，一一消滅政敵，下一步便是完成父親的遺志：征服波斯帝國，而且只用短短幾年就完成此事。在前往埃及途中，他曾行經耶路撒冷，並讓聖殿的大祭司管理半自治的猶大地區。

　　亞歷山大不停東征西討，建立了龐大的帝國，不料三十二歲就過世了。他的將領們為了爭奪他留下的廣大領土，陷入長達數十年的大混戰。亞歷山大的遺體原本預定送回馬其頓，卻被親信托勒密半路攔截，偷偷將遺體運到亞歷山卓城，也就是亞歷山大在埃及建立的城市。之後，托勒密在埃及創立一個新王國，為了避免權力落入外人手中，也為了維護王室的神聖血統，繼任者都會與自己的姊妹結婚，就像古埃及的法老那樣。此外，托勒密也維持前任帝國統治者的做法，允許猶太人在耶路撒冷的聖殿敬拜自己的神。

大約在同一時間,亞歷山大的另一名部將塞琉古也建立了新王國。他控制了原本亞歷山大帝國的東部,相當於現今的敘利亞到巴基斯坦一帶,而且他也覬覦耶路撒冷。西元前223年,戰績輝煌的塞琉古王安條克三世(即「安條克大帝」,他是塞琉古的曾孫)親自打敗托勒密的軍隊,拿下耶路撒冷。

安條克大帝進城時,身穿馬其頓式華服,腳踩深紅色綁帶靴,上面還用金線刺繡裝飾;簇擁著他的大軍裡,還包括一支象兵部隊。當時的大祭司「義人西門」

（Simon the Just）備受敬重，安條克大帝便任命他治理耶路撒冷。安條克大帝本以為自己注定成就一番偉業，獲得不遜於亞歷山大大帝的地位，但來自地中海的新強權（也就是羅馬）讓他驚覺人外有人。在他遭到殺害後，他的兒子安條克四世繼承王位——這位精神失常的安條克，是史上有名的「瘋子」。

06
光明與鐵鎚

　　安條克四世自稱是神。許多希臘城邦的國王都相信，諸神對自己特別眷顧；但安條克比他們更狂妄，認為自己就是神，而且是熱愛荒誕遊戲與狂歡宴會的神。他最喜歡玩的花樣，就是用繃帶把身體包得像木乃伊，讓人抬進宴會，然後無預警地卸除身上的布，一邊裸體跳舞，一邊瘋狂亂叫。

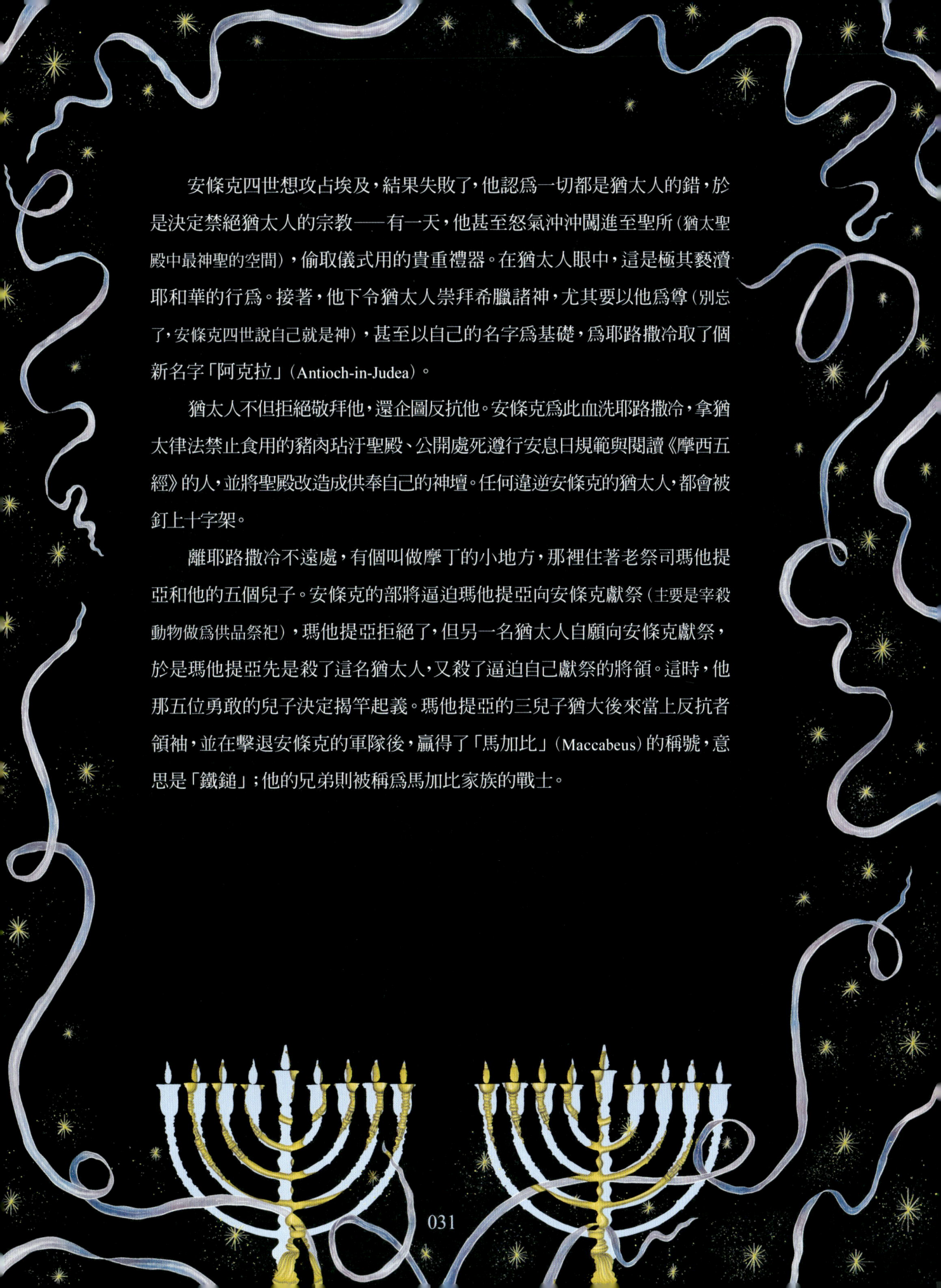

安條克四世想攻占埃及，結果失敗了，他認爲一切都是猶太人的錯，於是決定禁絕猶太人的宗教——有一天，他甚至怒氣冲冲闖進至聖所（猶太聖殿中最神聖的空間），偷取儀式用的貴重禮器。在猶太人眼中，這是極其褻瀆耶和華的行爲。接著，他下令猶太人崇拜希臘諸神，尤其要以他爲尊（別忘了，安條克四世說自己就是神），甚至以自己的名字爲基礎，爲耶路撒冷取了個新名字「阿克拉」（Antioch-in-Judea）。

猶太人不但拒絕敬拜他，還企圖反抗他。安條克爲此血洗耶路撒冷，拿猶太律法禁止食用的豬肉玷汙聖殿、公開處死遵行安息日規範與閱讀《摩西五經》的人，並將聖殿改造成供奉自己的神壇。任何違逆安條克的猶太人，都會被釘上十字架。

離耶路撒冷不遠處，有個叫做摩丁的小地方，那裡住著老祭司瑪他提亞和他的五個兒子。安條克的部將逼迫瑪他提亞向安條克獻祭（主要是宰殺動物做爲供品祭祀），瑪他提亞拒絕了，但另一名猶太人自願向安條克獻祭，於是瑪他提亞先是殺了這名猶太人，又殺了逼迫自己獻祭的將領。這時，他那五位勇敢的兒子決定揭竿起義。瑪他提亞的三兒子猶大後來當上反抗者領袖，並在擊退安條克的軍隊後，贏得了「馬加比」（Maccabeus）的稱號，意思是「鐵鎚」；他的兄弟則被稱爲馬加比家族的戰士。

猶太聖殿的至聖所裡擺放著神聖燭臺，常年不滅的燭光代表猶太人對耶和華的尊崇。至聖所外有個祭壇，可放置獻祭的牛、羊和鴿子。猶大的軍隊奪回聖殿後，立即將擺設恢復原狀。這時，祭司發現神聖燭臺的燈油快用完了，一想到聖殿即將失去光明，眾人不禁感到沮喪非常。不可思議的是，即使過了八個晚上，只剩一點燈油的燭臺仍然大放光明，馬加比家族認為這是神蹟。直到現在，猶太人每年還是會紀念這件事：在歡慶自由的光明節（Hannukah）期間，會連續八個晚上舉行點亮燭臺的儀式。

　　後來，猶大與三名兄弟先後戰死，但二十年後，唯一倖存的馬加比兄弟、人稱「偉大的西門」（Simon the Great）加冕為新猶大王國的王。他以耶路撒冷為首都，統治了大片領土，相當於現代的以色列、巴勒斯坦、約旦、敘利亞與黎巴嫩國土的總和。這個猶大王國延續了一百年左右，終結的導火線則來自於兩名馬加比王子的爭鬥，不但造成王國嚴重分裂，也讓新強權羅馬共和國逮到併吞的機會。

07
埃及女王與猶大國王

　　西元前63年，羅馬的龐培是地中海一帶最有權勢的人。馬加比王子彼此惡鬥時，他趁亂攻下耶路撒冷。征服者龐培很年輕就開始帶兵打仗，在羅馬的內戰中以殘酷指揮官的形象嶄露頭角，贏得「小屠夫」的稱號。大軍橫掃耶路撒冷後，龐培忍不住想進入聖殿中的至聖所一探究竟——他是第二個踏進至聖所的異教徒。那個空間令他驚訝不已，因為除了代表耶和華的神聖崇高氛圍，裡面幾乎空無一物，因此他什麼也沒拿就走出聖殿了。

　　離城之前，龐培指定馬加比家族的一名成員管理猶大，但真正的掌權者其實是龐培的下屬安提帕特。

　　龐培回到羅馬後，成為有史以來戰功最顯赫、身家最富裕的將領，甚至得到「偉大之龐培」的稱號，但不久後，他就遇到挑戰者——同樣積極開疆拓土且勇猛無畏的軍事奇才凱撒。

　　西元前48年，凱撒獲勝，落敗的龐培逃到埃及。凱撒原本還想趁勝追

擊，沒想到在他追到龐培之前，統治埃及的托勒密十三世就已命人砍下龐培的頭。雖然龐培是敗逃的政敵，但凱撒看到羅馬同胞的下場竟如此悲慘，仍非常震驚，甚至忍不住感慨落淚。同時，凱撒也發現埃及內部的權力鬥爭已陷入白熱化。年輕的國王托勒密與王后克利歐佩特拉既是夫妻，也是姊弟，處於權力頂端的兩人都想扳倒對方。

克利歐佩特拉一旦有了目標，就會果敢行動，剛好是凱撒的同類。為了見到凱撒，她不惜偷偷潛入他所在的宮殿，讓他看到自己從衣物袋冒出來的窘樣！向來喜好美色的凱撒很快就愛上她，支持她對抗托勒密。同時，統治猶大的安提帕特也為凱撒送來援軍。托勒密打不過羅馬人，只能落荒而逃，最後竟然溺斃。接著，凱撒幫助克利歐佩特拉登上埃及女王的寶座，兩人還搭乘豪華的平底船遊尼羅河慶功。後來，克利歐佩特拉生下了凱撒的孩子，並暱稱這孩子為「凱撒里昂」（Caesarion，意為小凱撒）。

克利歐佩特拉還想拓展疆土，將耶路撒冷納入她的王國，為此，她再度前往羅馬見

凱撒。這時凱撒已經是羅馬的終身獨裁官，掌握國家的最高權力，他的一些「朋友」還想進一步推舉他當君王。羅馬很早就推翻專制王權，採用共和體制，讓凱撒當王的想法對國家而言，是個危險信號。許多羅馬人都對此感到氣憤，而獨攬大權的凱撒也惹怒了一些政治人物，因此他們以討論議案為藉口接近他，再用匕首殺死他。

後來，凱撒的親信馬克·安東尼與刺殺案的舉事者談判，凱撒的姪孫兼繼承人屋大維便與他共享統治羅馬的權力。安東尼氣焰囂張，酒量大，野心更大。他負責管理羅馬共和國東半部，也因此遇見克利歐佩特拉，與她相戀。大約在同一時間，屋大維和安東尼任命希律擔任猶大的君主——俊美但殘酷的希律正是猶大掌權者安提帕特的兒子，後世稱「大希律王」。

克利歐佩特拉一度想色誘希律，後來才決定殺了他。沒想到，希律不但跟克利歐佩特拉一樣擁有美貌、一樣冷血無情，他的心機更是深沉。他善於利用羅馬統治者的支持迅速擊潰反抗者，為他的王國納入更多領土。雖然安東尼曾順應克利歐佩特拉的請求，讓希律把部分較有價值的領土轉移給她，但克利歐佩特拉始終無法徹底搞垮希律。

在位期間，大希律王建造了一些新的大城市。在耶路撒冷，他重新修築所有建物，讓一切看起來更壯觀；同時下令拆除舊聖殿，興建氣派非凡的新聖殿，耗時四十年才完成。無論是結構設計、裝飾建材或整體規模，都富麗堂皇得令人嘆為觀止。聖殿本身也是一座固若金湯的堡壘，讓敵人幾乎無法攻破。現在，你還是能從大希律王所使用的巨大石塊一窺他的遠見：有的石塊重達兩百公噸，而這些石塊堆砌的幾道承重牆至今仍屹立不搖。其中，別名「哭牆」的**西牆**，在猶太人眼中是僅次於聖殿的神聖之地。

08
美麗的鬼魂

　　羅馬共和國的兩大強人——安東尼與屋大維後來反目成仇，戰場成了他們決勝負的地方，而克利歐佩特拉選擇支持安東尼。西元前31年，安東尼和克利歐佩特拉的大軍在希臘外海慘敗，兩人撤退到埃及，屋大維則緊追在後。

　　屋大維前往埃及途中，希律也離開耶路撒冷，打算向屋大維展現結盟的誠意。屋大維接見希律時，希律不否認自己與安東尼有交情，但他以巧妙的方式表達立場：「您不應該在乎我是誰的朋友，而是應該考慮我是『什麼樣』的朋友！」

　　希律知道這次見屋大維很危險，因為屋大維有可能判他死刑，所以在離開耶路撒冷前，他將妻子和財寶都藏到偏遠的要塞「以策安全」。他美麗的妻子米利暗來自馬加比王族，是血統純正的猶太公主，也是讓希律神魂顛倒的畢生摯愛。不過，米利暗對他又愛又恨，因為他不但奪走原本屬於馬加比家族的王位，還殺了她備受愛戴的弟弟。在要塞等待希律回家時，她還發現一個可怕的真相：希律下令，萬一他被屋大維處死，看守米利暗的人就得殺了她，理由是他不希望其他男人擁有米利暗。一想到自己死後，米利暗還繼續活在世上，便讓希律痛苦萬分。

　　屋大維一路追著安東尼到埃及，沒想到安東尼在埃及自盡身亡。克利歐佩特拉原本有意向屋大維求和，希望兩人化敵為友，但屋大維要求她戴

上手銬腳鐐參加他的凱旋式——羅馬將領戰勝後，在羅馬街道舉行的勝利遊行。克利歐佩特拉回應：「我絕不會成為你的戰利品。」而她反抗屋大維的方式，是服下蛇毒結束生命。就這樣，屋大維風光回到羅馬，改名「奧古斯都」，登基為羅馬帝國的開國皇帝。

希律回到耶路撒冷時，搖身一變成為羅馬帝國的重要掌權者；當然，他還是得聽奧古斯都的號令。另一方面，米利暗發現希律辜負了她的信任，於是密謀刺殺希律。

不料行動失敗了，希律便下令絞死米利暗。在那之後，希律又娶了大概十位妻子，比千百年後的英國國王亨利八世還多，卻始終忘不了最愛的米利暗；每每想到自己對她做的事，總是悔恨交加，後來竟變得瘋瘋顛顛。他拒絕讓米利暗下葬，還用蜂蜜保存她的遺體。除此之外，還經常在宮殿中四處遊走，邊哭邊叫喚她的名字；也常提到米利暗的美麗鬼魂一直在他身邊出現。

希律和米利暗的幾個兒子漸漸長大了，一想到父親，他們心裡只有怨恨。儘管希律對米利暗念念不忘，但當他們的兒子舉兵反叛時，他還是下令處死了他們。這時，在他的規畫與治理下，耶路撒冷達到前所未有的繁盛與輝煌。接著，一些謠言開始傳進希律耳裡：有個神聖的孩子，將出生在古老的大衛王家系……。

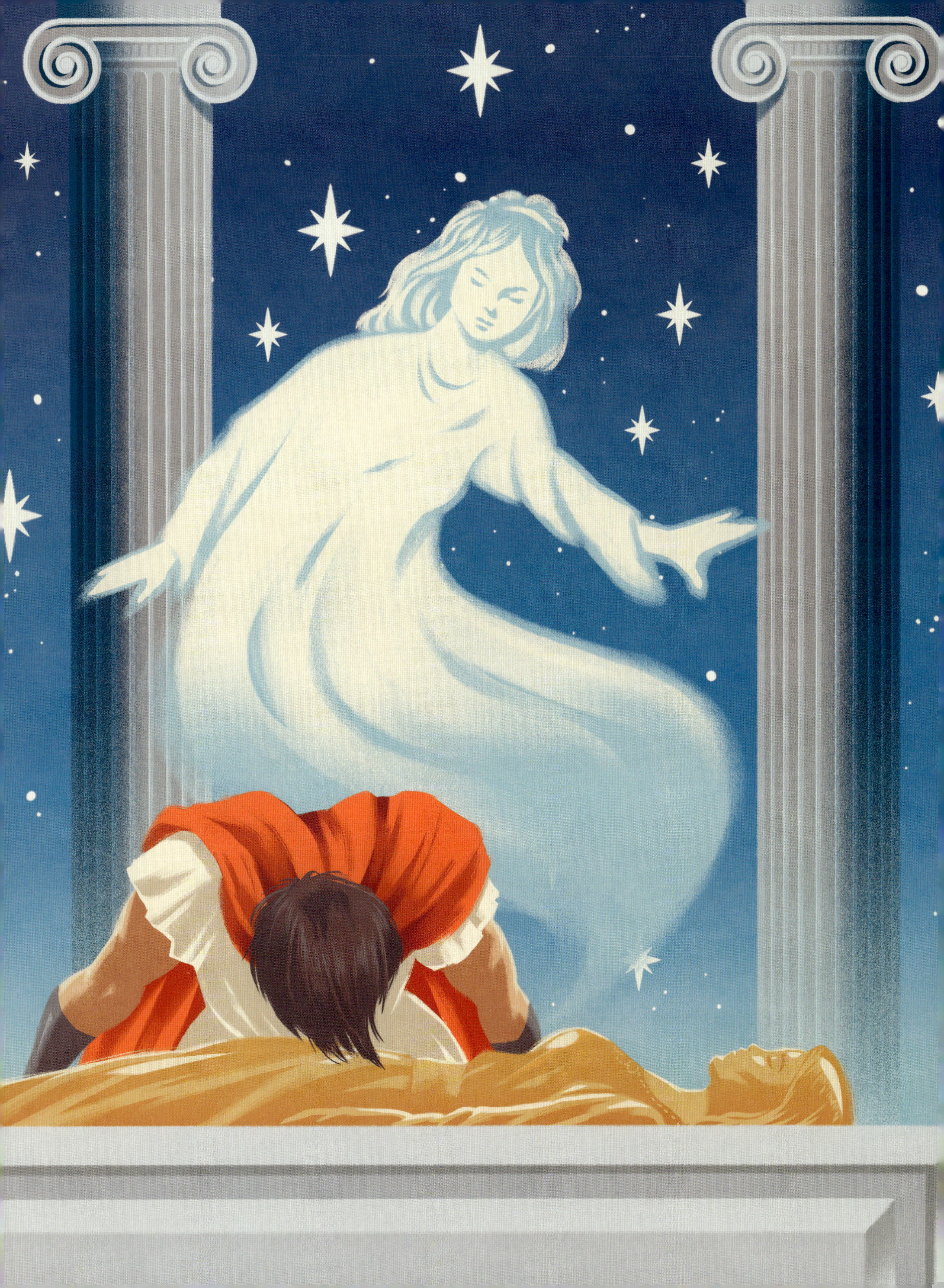

耶穌
由一對猶太父母所生養的傳道者——但基督徒相信他是上帝的兒子。他是基督教的創始人，死於被釘十字架的刑罰，後來復活，信徒視他為彌賽亞。

提多
羅馬皇帝維斯帕先的兒子。維斯帕先登基前，曾受命掃蕩反叛的猶太人，將猶大王國重新納入羅馬帝國。

第2章
基督之城
西元0年到610年

尼祿
惡名昭彰的羅馬皇帝，羅馬發生大火時，他的自私反應讓他背負許多罵名——羅馬陷入火海時，他還在劇場裡演戲、駕馬車跟別人競速，甚至彈奏樂器。

君士坦丁
欽定基督教為全羅馬帝國（包括耶路撒冷在內）國教的羅馬皇帝。

百尼基
猶太公主，大希律王的曾孫女。提多雖然愛慕百尼基，但羅馬人極力反對他們的婚約。

~羅馬帝國的全疆域圖~
西元117年

地中海

耶路撒冷

海倫娜
君士坦丁的母親，也是基督徒。君士坦丁改信基督教正是受到她的影響，而她也在君士坦丁的支持下修建了聖墓教堂。

~猶大王國~
西元0年

加利利

拿撒勒

撒馬利亞

地中海

耶路撒冷

伯利恆

猶大

09
耶穌基督

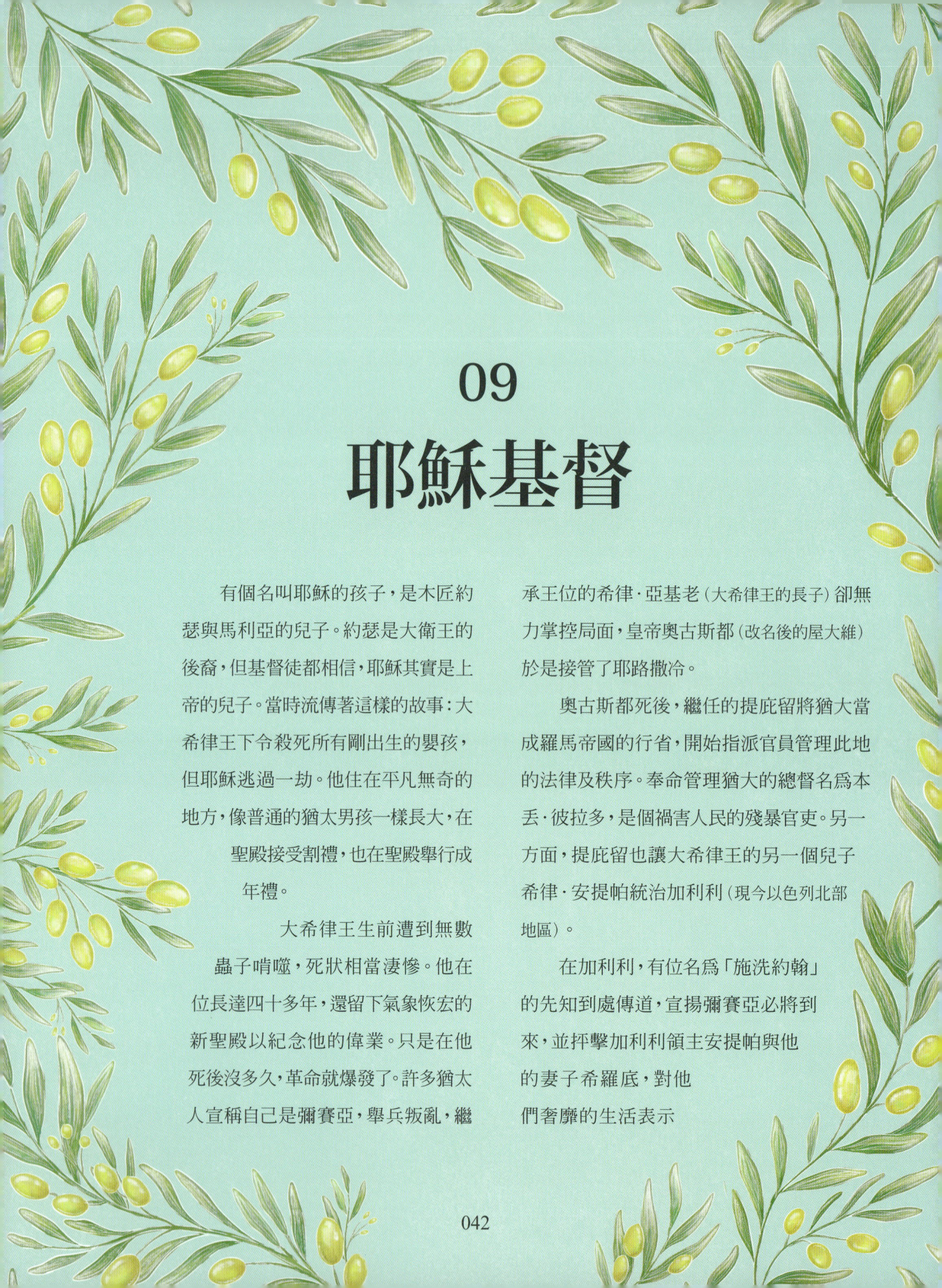

有個名叫耶穌的孩子,是木匠約瑟與馬利亞的兒子。約瑟是大衛王的後裔,但基督徒都相信,耶穌其實是上帝的兒子。當時流傳著這樣的故事:大希律王下令殺死所有剛出生的嬰孩,但耶穌逃過一劫。他住在平凡無奇的地方,像普通的猶太男孩一樣長大,在聖殿接受割禮,也在聖殿舉行成年禮。

大希律王生前遭到無數蟲子啃噬,死狀相當淒慘。他在位長達四十多年,還留下氣象恢宏的新聖殿以紀念他的偉業。只是在他死後沒多久,革命就爆發了。許多猶太人宣稱自己是彌賽亞,舉兵叛亂,繼承王位的希律・亞基老(大希律王的長子)卻無力掌控局面,皇帝奧古斯都(改名後的屋大維)於是接管了耶路撒冷。

奧古斯都死後,繼任的提庇留將猶大當成羅馬帝國的行省,開始指派官員管理此地的法律及秩序。奉命管理猶大的總督名為本丟・彼拉多,是個禍害人民的殘暴官吏。另一方面,提庇留也讓大希律王的另一個兒子希律・安提帕統治加利利(現今以色列北部地區)。

在加利利,有位名為「施洗約翰」的先知到處傳道,宣揚彌賽亞必將到來,並抨擊加利利領主安提帕與他的妻子希羅底,對他們奢靡的生活表示

鄙夷。於是，希羅底便向丈夫索討施洗約翰的項上人頭。不久後，在一場盛宴中，安提帕果真把施洗約翰的頭送給了希羅底。儘管如此，施洗約翰的表弟耶穌繼承了他的遺志，到處宣講天國即將到來，並提倡改變社會，用更加公平、正義的體制取代羅馬皇帝或猶太領主的統治。

根據《出埃及記》，猶太人曾受到埃及人奴役，過踰越節是為了紀念他們成功逃離埃及的奇蹟。踰越節長達七天，每年過節時，許多猶太人會湧入耶路撒冷慶祝，將聖城擠得水洩不通。**這一年的踰越節**，羅馬人特別加強戒備，唯恐又有動亂發生；這時，耶穌也抵達耶路撒冷準備過節，他身邊還有一些支持者隨行，後世稱他們為**十二門徒**。

有些人說，耶穌從未自稱彌賽亞，但基督徒認為，他的許多言行舉止都暗示了他**就是彌賽亞**。聽到某些猶太人到處宣傳耶穌是上帝之子與彌賽亞，彼拉多顯然不太開心。起初，他打算讓安提帕主動解決耶穌帶來的問題，但這位加利利領主回絕了。後來，彼拉多找大祭司該亞法商量，該亞法認為他們應該逮捕耶穌。於是他們找了耶穌的門徒加略人猶大當內應。

事情進行得很順利。耶穌與十二門徒一起享用踰越節晚餐——猶太人通常用這一餐標誌踰越節的開始，現在的基督徒則將這起事件稱為**「最後的晚餐」**。在筵席中，耶穌知道猶大就要為了三十枚銀幣背叛自己，但他不躲不藏，而是把即將到來的落難與死刑，當成自身使命的一部分。接著，他按原定計畫，穿過耶路撒冷的街道，前往客西馬尼園。在這座種有橄欖樹的寧靜果園中，猶大為羅馬士兵和猶太聖殿衛兵引路，然後用他的背叛者之吻指認了耶穌。

逮捕耶穌後，聖殿的大祭司雖指控他褻瀆耶和華，但並未判他死刑，因為死刑令只有羅馬指派的總督才能批准。彼拉多命人把耶穌送到安提帕面前，沒想到安提帕拒絕審理，彼拉多只好親自判耶穌死刑，並以羅馬特有的方式執行：釘十字架。不久後，在耶路撒冷的城牆外，耶穌被釘死在木製十字架上，和他一起受刑的人都是盜賊，標示耶穌罪名的牌子顯露出判刑者的嘲諷：**猶太人的王**。

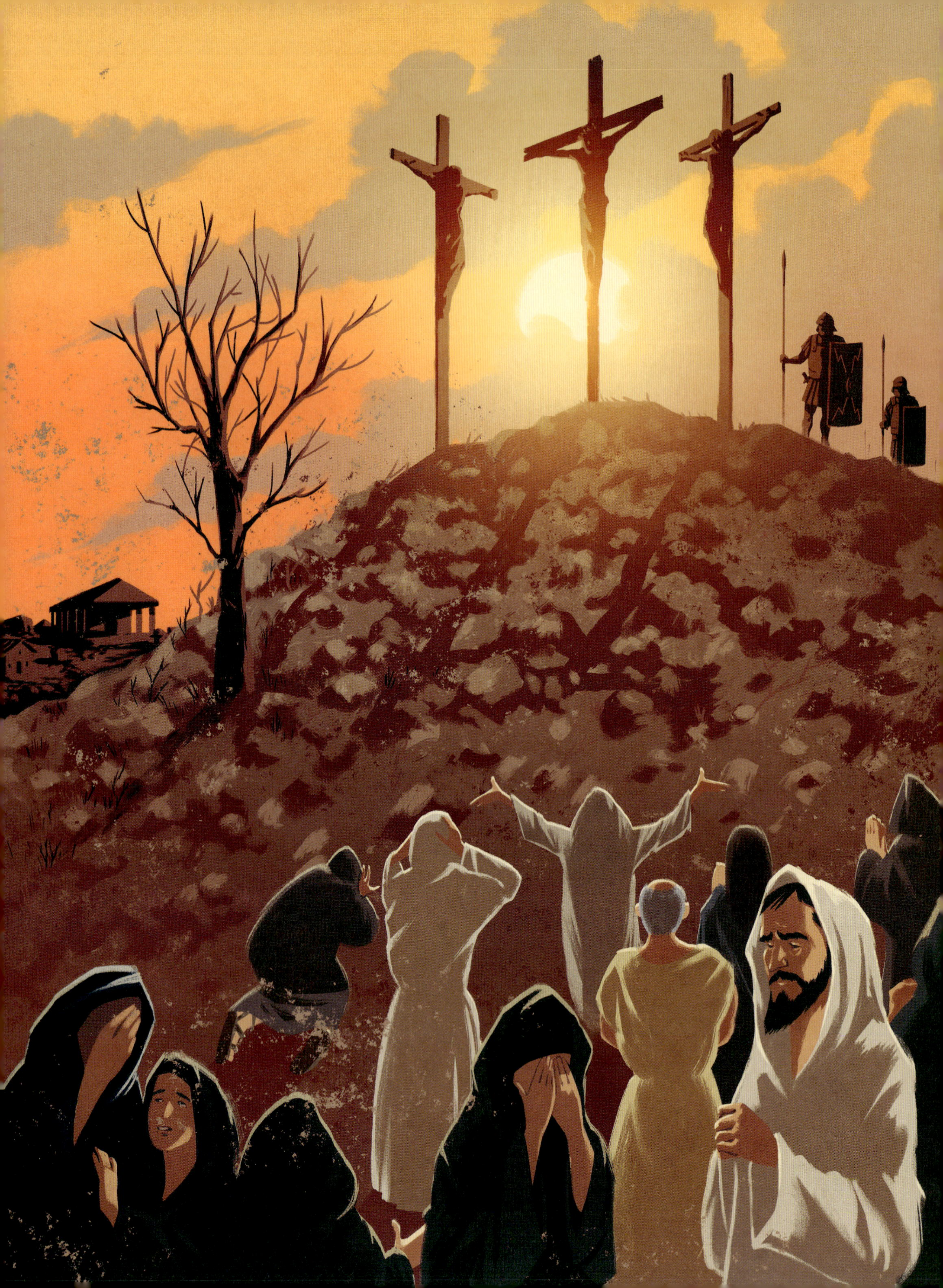

處死耶穌的刑場被稱為各各他。耶穌死亡後，追隨者將他的遺體放進附近的岩石墓室裡；過了一夜，早上重返墓室的人發現屍體竟然消失了。基督徒相信，耶穌在那之後復活了，並在門徒面前現身，他的門徒也因此把他當成彌賽亞──希臘文稱為「Christos」，這也是耶穌又稱為「基督」(Christ)的由來。耶穌為數不多的追隨者統稱為「拿撒勒派」(以紀念耶穌的故鄉拿撒勒)，他們先後由耶穌的弟弟雅各和堂兄弟西門領導，並依然以猶太人的身分在聖殿祈禱。

然而，一名原本敵視耶穌的追隨者──掃羅改變了這一切。他雖是猶太人，但平常以說希臘語為主，還曾帶頭欺壓拿撒勒派。有一天，掃羅在前往大馬士革的路上看見一道白光，認為這是神啟，之後便改名「保羅」，奉行耶穌的教誨。

後來，保羅開始向非猶太人傳道，因為他認為耶穌是照耀全人類的光。至於彼拉多，在他因為種種輕率的暴行遭到撤職後，耶路撒冷人的生活總算正常多了。

另一方面，在羅馬，一位來自耶路撒冷的大膽王子意外成為重要的掌權者──此人就是大希律王的孫子希律・亞基帕。他渴求權位又貪戀美色，很快就跟頗為凶殘的羅馬王子卡里古拉一拍即合。卡里古拉是提庇留皇帝的姪子兼繼承人，登上帝位後，立刻分封好友希律・亞基帕為猶大國王。卡里古拉除了是殺人不眨眼的暴君，還異想天開把自己當成神，反覆無常的乖戾行徑讓羅馬人非常驚恐。

他曾在被人惹惱時說：「要是全羅馬的

人加起來只有一個脖子就好了。」處決臣民時還會大叫：「要讓他們確實感受到自己快死了！」為了羞辱元老院議員，他甚至任命一匹馬到元老院任職。

卡里古拉曾下旨改造耶路撒冷的聖殿，要將那裡變成專屬於他的神殿（畢竟他說自己是神），於是猶太人準備動手反抗，幸好希律・亞基帕後來成功說服卡里古拉改變心意。但同一時間，也有人在醞釀一場陰謀：就在卡里古拉步行往返劇場的路上，他的禁衛軍親手殺了他。這起事件在羅馬城引起一陣騷動，不料亞基帕卻在此時擁立另一位老友克勞狄（卡里古拉的叔叔）登基。克勞狄感念亞基帕的支持，便將更多領土分封給他，擴大他的猶大王國。

由於克勞狄的妻子梅薩里娜對他不忠，還密謀暗殺他，因此克勞狄處死了她，轉而與姪女阿格里皮娜（卡里古拉的妹妹）成婚。他倆生下的兒子，就是殘忍又不知人間疾苦的尼祿，後來繼位成為新皇帝。

大多數時候，尼祿不是在劇場演戲，就是在參加戰車競速比賽，西元 64 年，大火襲捲羅馬，當下仍在奏樂自娛的尼祿更因此受到眾人指責。但他對這些批評毫不在意，一面在臣民被燒毀的家園上修建豪華的金宮，一面怪罪拿撒勒派縱火，把羅馬變成煉獄；後來還將耶穌最喜愛的門徒彼得釘上十字架，以示懲戒。

如同一句古諺所說：「魚的腐敗從頭開始。」羅馬帝國的崩壞，從蠻橫粗暴的尼祿皇帝開始，而崩壞的起點就在耶路撒冷。

10
陷落

希律‧亞基帕死後，留下兩個孩子：繼承王位的兒子希律‧亞基帕二世與女兒百尼基。羅馬也趁機收回了耶路撒冷的掌控權，在那之後，尼祿任命的總督一任比一任貪腐，很快就逼得猶太人群起造反。沒多久，猶太叛軍就擊敗了羅馬軍團，創建自己的耶路撒冷城邦。

耶路撒冷失守的消息讓尼祿氣極敗壞，但他正忙著在希臘參加戰車競速比賽，抽不開身，於是派部將維斯帕先去鎮壓不聽話的猶太人。正當維斯帕先帶著能幹的兒子提多揮軍耶路撒冷時，來自四面八方的叛軍也向尼祿攻來，眾叛親離的尼祿自盡身亡，羅馬帝國從此陷入動亂。維斯帕先在遙遠的猶大地區受到擁護並稱帝，後來他回頭朝羅馬進軍之餘，也讓提多率兵攻下耶路撒冷。

提多愛上了美貌無雙的猶太公主百尼基。百尼基和哥哥希律‧亞基帕二世曾試圖阻止猶太人反抗羅馬的統治，但他們沒料到猶太叛軍內部會分裂，由衝突演變成內戰。猶太叛軍掌控耶路撒冷後，由於百尼基想奪回這座由希律家族建立的城市，於是加入了提多的陣營。

耶路撒冷城內，猶太叛軍相信他們能擊退羅馬大軍——畢竟城牆高聳，堡壘與聖殿看似堅不可摧。但這時，城內的數十萬猶太人正在慶祝踰越節，提多的突襲讓他們反應不及：大軍將整座城團團包圍，幾乎沒什麼人能逃出去。

少數成功逃離的幸運兒當中，包括了追隨耶穌的拿撒勒派。整座城遭到圍困，糧食逐漸耗盡。才過幾個月，耶路撒冷便陷入飢荒。每天都有上千人在垂死邊緣掙扎，絕望的人們甚至開始吃皮革或老鼠。有人倒斃街頭，有人在瘋狂的聚會中互相砍殺；到最後，甚至有人開始吃人肉。

　　眼見破城的時機已經成熟，提多在聖殿大門放了一把火，火苗迅速竄入聖殿，同時也讓大軍發動猛烈攻擊。

火勢迅速蔓延，不久後，到處都是火海一片。叛軍儘管竭力抵抗，卻仍慘遭屠戮。提多一路殺進聖殿的至聖所，在這神聖的空間裡四處查探，直到有人將他拖離熊熊烈焰。聖殿內外的巨石在高溫下轟然崩裂，駭人的巨響代表著：世界上最偉大的聖殿之城就此化爲烏有。

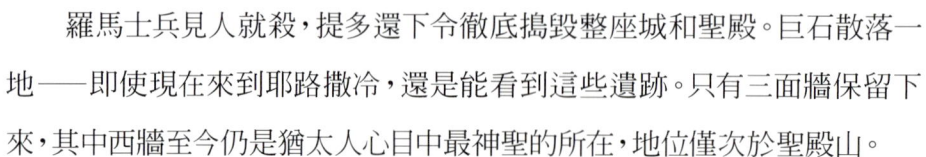

羅馬士兵見人就殺，提多還下令徹底搗毀整座城和聖殿。巨石散落一地——即使現在來到耶路撒冷，還是能看到這些遺跡。只有三面牆保留下來，其中西牆至今仍是猶太人心目中最神聖的所在，地位僅次於聖殿山。

圍城戰之後，提多讓所有倖存的猶太人都成為奴隸。由於人數眾多，猶太奴隸的價格變得相當低廉，此後的許多年裡，羅馬人家裡都有滿滿的猶太奴僕。提多還從耶路撒冷掠奪了大量財寶，用它們在羅馬興建了一座非常大的圓形劇場；當裡面舉行戰車競速和角鬥士搏鬥時，可同時容納八萬名觀眾在場同樂。這座劇場正是**「羅馬競技場」**，至今仍佇立於羅馬市區，並開放遊客參觀。

提多在羅馬舉行了盛大的凱旋遊行，藉此炫耀他抓到的猶太戰俘與從聖殿奪來的黃金禮器，其中包括一座黃金枝狀大燭臺。他發行的硬幣上刻著猶太女奴的圖像，邊緣還有「猶大俘虜」（JUDEA CAPTA）的字樣。

提多當上皇帝後，對猶太公主百尼基的愛意始終不改，百尼基也隨他回到羅馬（至於她對耶路撒冷的陷落有何想法，無從得知）。但許多羅馬人反對提多立猶太人為后，提多只好讓百尼基離開羅馬，兩人黯然分手。另一方面，各地猶太人都對聖殿的毀滅悲痛萬分，此次失去聖殿，堪稱猶太歷史上最沉痛的悲劇之一。

後來，猶太人被帶到羅馬帝國各地，再也無法前往聖殿過節或祈禱，只能反覆閱讀「猶太聖經」《妥拉》，夢想有一天能重返他們心愛的城市。

與此同時，追隨耶穌的拿撒勒派開始將聖殿的毀壞視為徵兆，認為脫離猶太古老信仰的時機到了。十七年後，即位不久的羅馬皇帝圖拉真下旨處決耶穌的堂兄弟西門，將他釘上十字架，耶穌家族的血脈從此滅絕。這個曾經的猶太教分支於是發展為任何人都能信仰的全新宗教：基督教。

11
星辰之子與蛇

西元130年，羅馬帝國的國勢達到鼎盛，帝國史上最英明的皇帝哈德良在此時造訪了耶路撒冷。哈德良既是優秀的建築師，也是傑出的詩人，時常親臨各地視察，絲毫不顯疲態。在小亞細亞（現在的土耳其），他愛上了一個名為安提諾烏斯的男孩，並帶著這男孩一同旅行。抵達耶路撒冷後，哈德良便將把這座城市改名為**愛利亞・加彼多連**──這個名字源自於他的家族名，同時他還計畫在聖殿的舊址興建一座供奉異教神祇的神殿。

接著，哈德良前往埃及。就在此時，怪事發生了：安提諾烏斯於慶典期間死在尼羅河，悲不自勝的哈德良宣告：安提諾烏斯已經成為神了。不久後，許多人開始祭祀安提諾烏斯。返回羅馬途中，哈德良再度經過耶路撒冷，並在新神殿中加了一座自己的騎馬像，很可能也加了一尊安提諾烏斯的塑像。至此，猶太人忍無可忍，於是發動叛變。

一名來歷不明的男子很快就取得了猶太軍隊的指揮權，自封以色列王，還幫自己取名「西門・巴爾・科克巴」，意思是「星辰之子」。科克巴不但宣稱自己對付得了羅馬人，而且說完沒多久，他所召集的軍隊就迅速擊敗了好幾個羅馬軍團！

科克巴很可能曾奪回耶路撒冷，因為他所鑄造的錢幣上刻著「為了耶路撒冷的自由」與「以色列救贖」。

科克巴的勝利對哈德良來說是奇恥大辱，於是他親自布署了一場殘酷

的鎮壓行動，殺了無數猶太人。科克巴一邊讓自己飼養的蛇纏繞在脖子上，一邊揮舞刀劍，奮戰到最後一刻。當他戰死沙場，羅馬人將他的屍首抬到哈德良面前，這位英雄和他身上活生生的蛇令哈德良印象深刻。儘管如此，耶路撒冷仍不復存在，畢竟哈德良已經將城名改掉。

為了進一步懲處叛變的猶大人，哈德良從地圖上抹除了地名「猶大」，重新命名為巴勒斯提那（Palaestina），也就是後來的巴勒斯坦（Palestine）。這個名字源於非利士人，也就是《聖經》裡經常與古代以色列人爭戰的部族。往後數百年間，猶大人不得進入愛利亞·加彼多連；也是從這時起，猶大人民開始以「猶太人」（Jews）這個名稱而漸漸廣為人知——這個字源於「猶大」的縮寫。猶太人住在撒馬利亞與加利利，也住在巴比倫和波斯，足跡甚至遍及地中海沿岸的西班牙與義大利。但他們仍夢想著耶路撒冷，許多人會悄悄前往，只為了在城牆邊祈禱。

12
十字記號

　　西元299年，當時羅馬帝國的大多數人仍信仰多神教。他們無法信任基督徒，因為基督徒似乎不願遵守他們最基本的傳統習俗和生活儀式：不進競技場搏鬥、不蓄奴，不向皇帝獻祭，甚至拒絕膜拜諸神。儘管如此，有些富人和許多窮人還是受洗為基督徒。基督教跟信仰多神的異教生活雖然格格不入，但這個宗教引入了一種對窮人特別有吸引力的新觀念：相信耶穌基督的人，只要在死前堅守良好品行，就能在末日審判後的來世獲得救贖。

　　對基督徒的不信任，使得羅馬人一遇到什麼不順，就會怪到基督徒頭上，當時的皇帝戴克里先就是這樣。打了幾次敗仗又遇到皇宮大火後，他決定對基督徒嚴加處分，許多信徒因此遭害，不少教堂也蒙受祝融之災。儘管如此，羅馬的上流階層仍有部分基督徒，包括戴克里先的部將君士坦丁在內——他長得粗獷魁梧，有著尖削的下巴和一頭長髮。由於母親海倫娜是基督徒，君士坦丁對基督徒的處境頗為同情。而當君士坦丁稱帝後，他做了一項重大決定，不只改變了耶路撒冷，也改變了整個世界的歷史。

　　事情要從西元312年的某天說起。當時的羅馬帝國採取四帝共治制，分別治理帝國的東、西部。此時的君士坦丁已是帝國西部的統治者，掌理不列顛和高盧等地（現在的英國和法國）；他正準備揮軍羅馬，打算擊敗對手馬克森提烏斯，一場決定帝國西部真正王者的大戰即將來臨。兩軍對戰前夕，君士坦丁看到一個異象：一道十字光芒疊在太陽之上，另外還有一行

字:「憑此十字,你將克敵制勝!」君士坦丁便命令士兵在盾牌刻上代表耶穌的希臘字母X和P。

後來,君士坦丁在米爾維安橋戰役擊敗馬克森提烏斯,成為羅馬帝國西境名副其實的統治者。君士坦丁相信,這一切多虧了勝利之神——基督徒至高無上的神及神子耶穌基督——對他庇佑有加。當他擊敗帝國東部的統治者、成為全羅馬帝國的皇帝後,君士坦丁追隨母親的腳步,正式成為新宗教的信徒,大多數臣民也跟著他一起改信基督教。

但他經營家庭的方式不像基督徒:他以凶殘的手段維護帝位的安穩,處死密謀造反的妻子法烏絲塔和長子克里斯普斯,此事讓他受到母親指責;他也不甚謙遜,自稱是耶穌的第十三名門徒。在東方,他雖然建立了新首都君士坦丁堡(現在的伊斯坦堡),但決定把耶路撒冷經營成帝國與基督教信仰的聖城。

如同許多有權有勢的男性,君士坦丁跟母親很親近。為了取悅母親,君士坦丁給她一大筆錢,讓她前往耶路撒冷探訪耶穌生平的足跡。海倫娜的旅行成果斐然:她在耶路撒冷發現了耶穌的墓地和釘十字架的地點,並在那裡建造了一座宏偉的新教堂——聖墓教堂,還奇蹟般地找到了釘死耶穌的十字架與釘子。接著,她命人繪製地圖,為絡繹不絕來

到耶路撒冷的朝聖者提供指南。海倫娜將大半餘生奉獻給尋找與耶穌有關的遺跡，直到快八十歲時，才再度回到君士坦丁堡。

至於仍為舊聖殿崩毀感到悲傷的猶太人，君士坦丁對他們深惡痛絕，明令禁止他們進入耶路撒冷。儘管如此，猶太人還是會偷偷前往舊聖殿殘留的牆邊，一邊祈禱一邊哭泣。君士坦丁過世後，這個基督教帝國被他的三名兒子和兩名姪子瓜分，這些新統治者不但制定更多反猶太法律來迫害猶太人，還為了爭奪至尊大位掀起長達二十年的內戰。君士坦丁的次子康斯坦提烏斯贏得最終勝利，但他的繼承人尤利安卻打算幫助猶太人……。

取消基督教的國教地位、讓猶太人重返耶路撒冷的人，正是君士坦丁的姪子尤利安皇帝。猶太人歡歡喜喜到聖殿山慶祝，沒想到好景不常，尤利安在遠征波斯時陣亡了，其繼承者推翻了他制定的政策和法律，猶太人再度被禁止出入耶路撒冷，基督教也再度恢復國教的地位。

兩百年後，查士丁尼皇帝在位時，耶路撒冷隨處可見雄偉的大教堂，朝聖者熙來攘往的卡爾多大道（Cardo）足足有十二公尺寬，可供兩輛貨運馬車並排通行；上面鋪設了石板，兩旁立著高高的列柱，街邊商店林立。富

人住的宅邸跟教堂一樣裝飾著馬賽克圖飾，其中一幢豪宅還刻著：「住在此屋的人有福了。」

迫害帝國境內猶太人的查士丁尼，花了太多錢蓋新教堂和四處征戰，導致帝國財政困難，日漸衰弱。他一死，名為霍斯勞的沙阿（波斯語的「君主」）便大舉入侵，攻下耶路撒冷。

霍斯勞信奉瑣羅亞斯德所創的祆教，但妻子希林是基督徒。據說為了剷除情敵，霍斯勞不但將對方流放至貝胡坦山（Behustan mountains），還要求他在峭壁上修築石階──這根本是不可能的任務。

霍斯勞在耶路撒冷取得了聖槍、聖海綿與真十字架等聖物後，將它們賞賜給希林。朝君士坦丁堡進軍前，他還下令重新開放聖城，讓猶太人出入。

光輝的君士坦丁堡並未落入霍斯勞手中，因為新任羅馬皇帝赫拉克利歐斯（Heraclius）舉起聖戰大旗，狠狠反擊波斯人，奪回耶路撒冷！戰勝後，赫拉克利歐斯建造了一座美麗的金門，然後帶著真十字架穿過金門、進入耶路撒冷。在這個基督徒歡慶、猶太人悲嘆的時刻，遙遠的阿拉伯沙漠中，一位新的傳道者即將崛起，並將永遠改變耶路撒冷的命運。

> 有些基督徒相信聖物的力量，這些聖物包括：傳說耶穌被釘十字架上時用來刺穿他肋旁的聖槍、傳說曾用來蘸醋給耶穌喝的聖海綿，以及用來釘死耶穌的真十字架碎片。

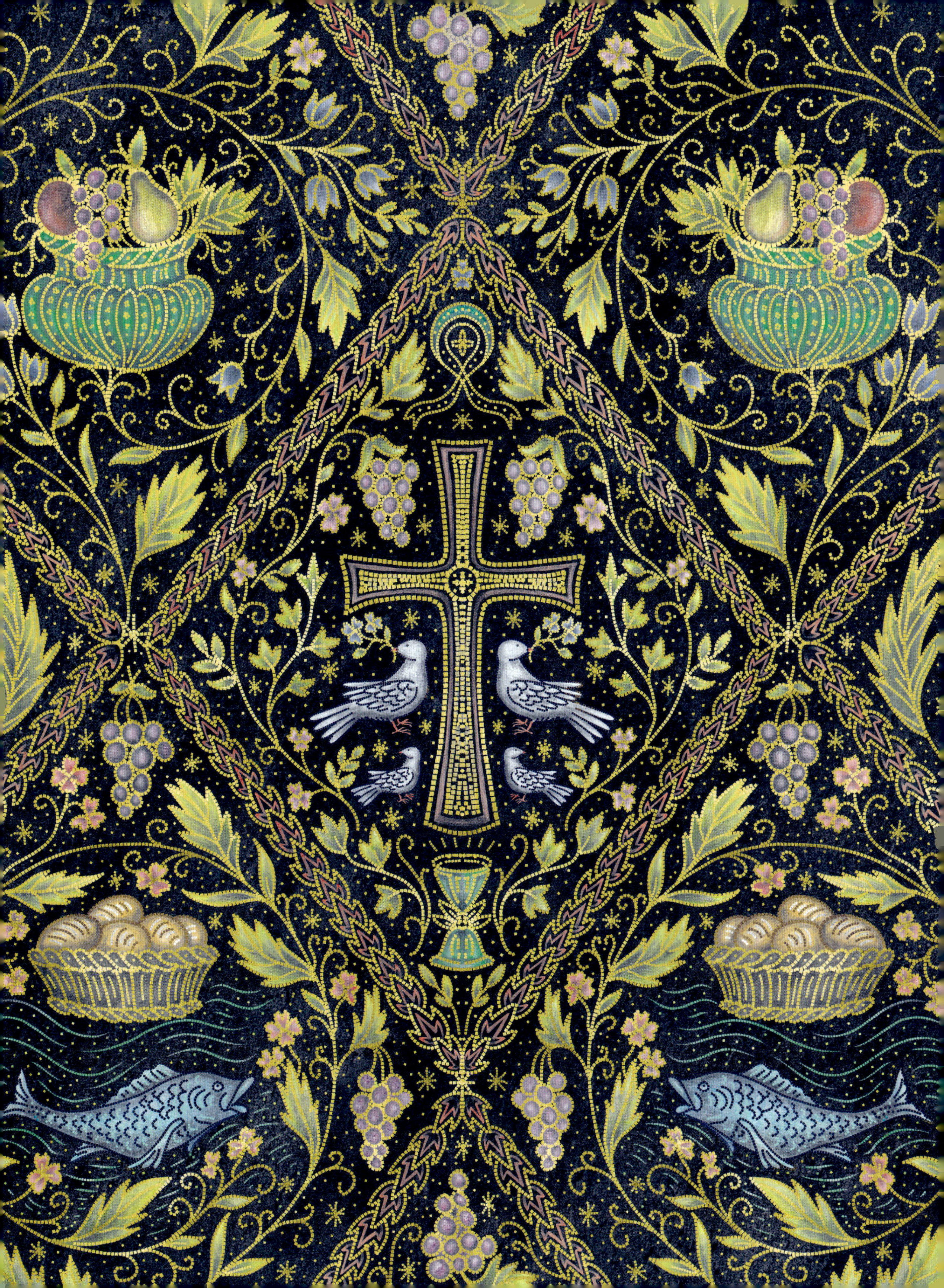

穆罕默德

真主差遣的先知與信使。他將接收到的真主啟示編寫成《古蘭經》，並在阿拉伯地區創立伊斯蘭教與一個新國家。

第3章
聖所：穆斯林的耶路撒冷

西元610年到16世紀

拜巴爾

豹王拜巴爾出生於黑海一帶，從小就被賣為童奴，後來加入埃及蘇丹的軍隊，很快晉升為將領。他率兵擊退蒙古入侵者，然後當上蘇丹，與十字軍交戰。

薩拉丁

穆斯林征服者薩拉丁後來成為蘇丹，他所掌理的帝國範圍包含現在的敘利亞、約旦、埃及。他打敗十字軍，為穆斯林征服了耶路撒冷。

蘇雷曼與修蕾姆

蘇雷曼大帝是鄂圖曼土耳其帝國的統治者。他與妻子修蕾姆重建耶路撒冷的城牆、修復磐石圓頂清真寺，還為窮人建造了醫院及庇護所。

君士坦丁堡

~西亞~
西元14世紀前後

巴格達

大馬士革

阿卡

耶路撒冷

地中海

開羅

卡彌爾與腓特烈二世

腓特烈二世是神聖羅馬帝國皇帝，也是西西里王國及耶路撒冷王國的國王。他曾率領十字軍企圖收復耶路撒冷，但最後與埃及蘇丹卡彌爾簽署和平協議，讓基督徒和穆斯林共享耶路撒冷。

梅莉桑德

耶路撒冷王國鼎盛時期的女王。整修了我們現在看到的聖墓教堂。

麥地那

紅海

麥加

13
穆罕默德的夜行

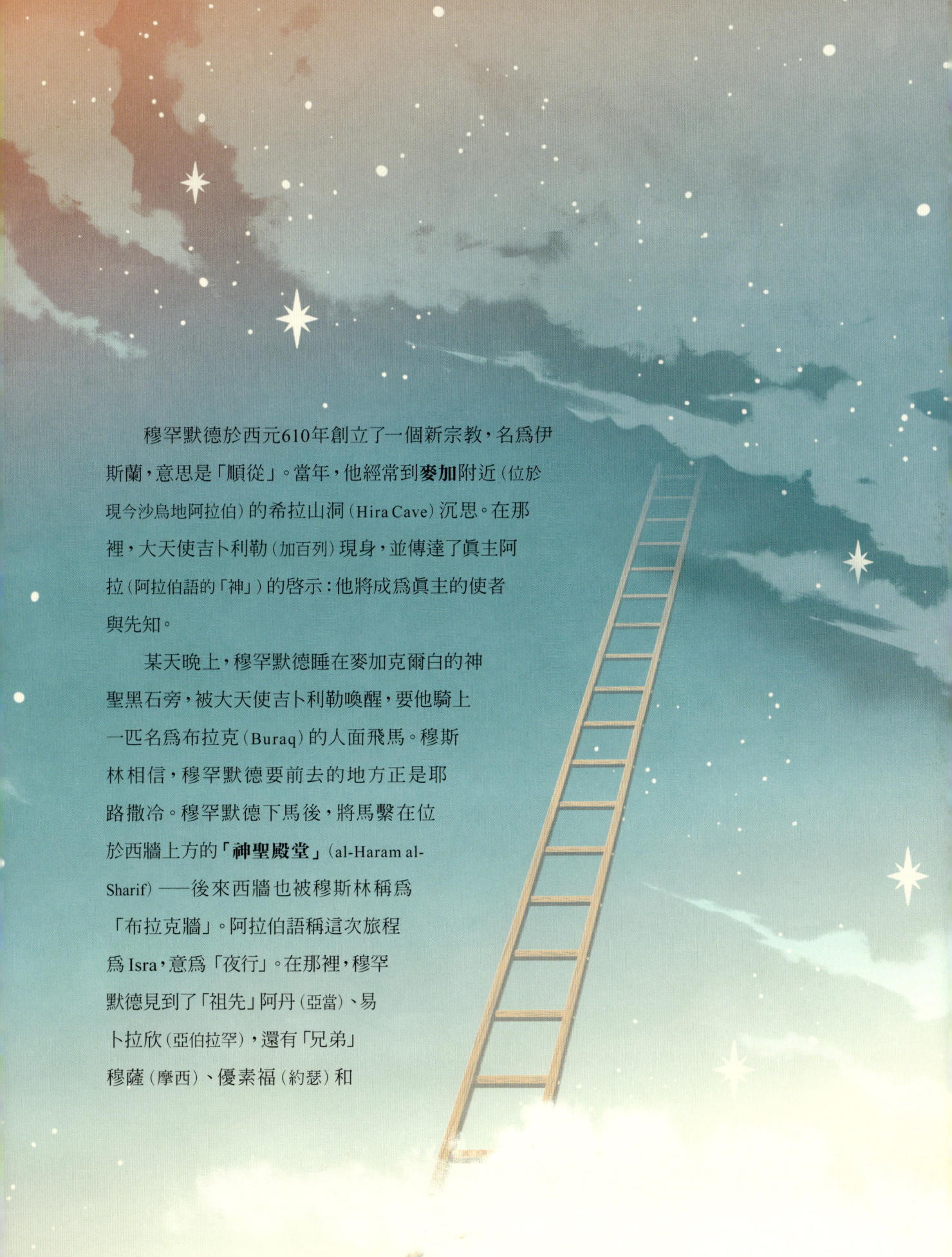

穆罕默德於西元610年創立了一個新宗教，名為伊斯蘭，意思是「順從」。當年，他經常到**麥加**附近（位於現今沙烏地阿拉伯）的希拉山洞（Hira Cave）沉思。在那裡，大天使吉卜利勒（加百列）現身，並傳達了真主阿拉（阿拉伯語的「神」）的啟示：他將成為真主的使者與先知。

　　某天晚上，穆罕默德睡在麥加克爾白的神聖黑石旁，被大天使吉卜利勒喚醒，要他騎上一匹名為布拉克（Buraq）的人面飛馬。穆斯林相信，穆罕默德要前去的地方正是耶路撒冷。穆罕默德下馬後，將馬繫在位於西牆上方的**「神聖殿堂」**（al-Haram al-Sharif）──後來西牆也被穆斯林稱為「布拉克牆」。阿拉伯語稱這次旅程為Isra，意為「夜行」。在那裡，穆罕默德見到了「祖先」阿丹（亞當）、易卜拉欣（亞伯拉罕），還有「兄弟」穆薩（摩西）、優素福（約瑟）和

爾撒（耶穌）。接著，他踏著階梯登上天堂，阿拉伯語稱為 Miraj，意思是「登霄」。

剛開始，伊斯蘭教只有一小群信徒，穆罕默德帶領他們先後征服了麥地那、麥加，最後將信仰散播到整個阿拉伯地區。他延續古老猶太先知的說法，宣揚「末日將至」，認為大審判日會在耶路撒冷降臨。起初，穆罕默德朝著耶路撒冷敬拜，由於猶太人拒絕接受伊斯蘭信仰，於是他將禮拜方向改成朝向麥加。

西元 632 年，穆罕默德去世，他的繼承者被稱為**哈里發**。從那時開始，哈里發率領阿拉伯人組成的穆斯林軍隊到處擴張勢力，甚至攻打阿拉伯半島以外的羅馬帝國和波斯帝國，建立橫跨西班牙到巴基斯坦的巨大阿拉伯帝國。西元 638 年，他們占領了耶路撒冷，在神聖的聖殿山上興建第一座清真寺。穆斯林將這座清真寺及其周圍建築群命名為「**阿克薩清真寺**院區」，同時也尊稱此地為「神聖殿堂」。

穆斯林認為猶太民族跟他們一樣，都是受到神聖典籍啟發的「天經之民」，因此他們歡迎猶太人回到耶路撒冷。

西元 691 年，在猶太聖殿至聖所曾經矗立的岩石上，哈里發阿布達爾—馬立克（Abd al-Malik）興建了**磐石圓頂清真寺**。直到今天，磐石圓頂清真寺始終是世界上最美的建築物之一，現在也依然是耶路撒冷的重要地標。穆斯林稱耶路撒冷為「聖所」及「聖堂」。他們允許基督徒在聖墓教堂禮拜，也准許猶太教徒到舊聖殿的牆邊祈禱、敬拜。這兩個宗教的信徒只要歸順伊斯蘭統治，就能保有信仰自由。這些哈里發先是在大馬士革建立首都，後來又遷都到巴格達；但無論首都在哪裡，耶路撒冷始終在他們的掌握下。穆斯林持續統治這座城市，直到四百年後，法蘭克人和日耳曼人組成的基督教騎士兵臨城下，並帶來毀滅與恐懼。

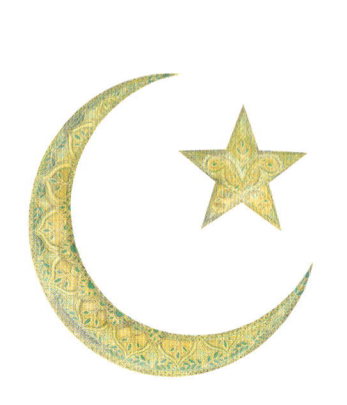

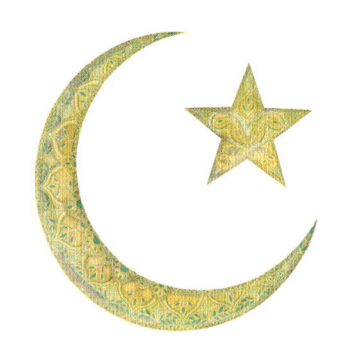

14
十字軍東征

1064年，貝都因人殺了五千名來自歐洲的基督教朝聖者，地點就在耶路撒冷城外。這時，阿拉伯帝國的哈里發雖然還端坐在巴格達的王座上，權勢卻大不如前，因為帝國境內的突厥軍閥正在互搶地盤，爭奪耶路撒冷的戰火也波及了朝聖的基督徒，不少人因此喪命。同時，在遙遠的君士坦丁堡，東羅馬帝國皇帝阿歷克塞（Alexios）希望收復耶路撒冷，於是向歐洲請求支援，卻帶來意想不到的麻煩……。

西歐的基督徒聽說朝聖者遭到殺害，義憤填膺，無論貴族、主教或農民，都開始擔心自己再也去不了耶路撒冷。他們認為聖墓教堂正受到穆斯林軍隊的危害，並聽聞教堂已遭突厥人控制；如今，他們不只擔心朝聖者性命不保，教堂本身也可能變成瓦礫堆。為了拯救聖墓教堂，他們必須付諸行動，消滅那些異教徒！

當時，基督教會已分裂為羅馬天主教與希臘東正教。1095 年，西方基督徒領袖——羅馬天主教教宗烏爾班二世，在法國的克萊蒙召開了一場盛大的宗教會議。在這場會議中，他鼓吹與會者參加聖戰，收復耶路撒冷，拯救聖墓教堂；群眾則激昂回應：「奉主之名！」（Deus le volt）在場的幾千人就這樣在衣服畫上十字記號，加入後世稱為「**十字軍東征**」的武裝行動。

超過八萬人從法蘭克、日耳曼、義大利、不列顛等地區出發，橫越歐洲大陸，朝東方前進。其中有貴族率領的正規軍隊，也有貧窮神職人員領導

的烏合之眾。由於歐洲境內沒有穆斯林可殺，十字軍便沿途殺了數千名猶太人洩憤——他們認為，耶穌會死，都是猶太人的錯。

十字軍一抵達君士坦丁堡，阿歷克塞就嚇壞了：他口中的「法蘭克人」衣衫襤褸、頭髮蓬亂、髒臭不堪、貪婪無度、飢腸轆轆。十字軍雖是狂熱的基督徒，卻也渴望財寶、土地、冒險和新天地。此外，東西教會分裂後，身為東正教徒的阿歷克塞無法視羅馬天主教的十字軍為親密盟友，因此他一面招待他們吃喝，一面催促他們繼續向東方前進。

突厥軍閥很快就殲滅了第一批十字軍，但在貴族和甲冑騎士的指揮下，後到的正規軍隊順利進入現今的土耳其東部，與穆斯林正面交鋒。正處於混戰中的阿拉伯貴族與突厥軍閥無法團結抵抗，剛好有利於十字軍。經過漫長的圍城，十字軍攻破了突厥和穆斯林駐守的大城安提阿，並繼續前進。

1099年夏天，只剩一萬兩千人的十字軍包圍了耶路撒冷。城裡只有一支規模不大的埃及軍隊防守，其餘都是穆斯林和猶太居民。7月15日，十字軍攻入耶路撒冷，破門進城後，便開始瘋狂屠殺平民。殺戮正激烈時，許多婦女和孩童躲到磐石圓頂清真寺的屋頂避難，但無人能倖免於這場腥風血雨，十字軍見人就殺，連座騎都染上一身血。等到他們聚集到聖墓教堂慶功時，每個人渾身都是血汙。接下來幾個月，整座城飄散著腐屍的惡臭，而這場屠殺也成為世代傳承的創傷。耶路撒冷再度成為基督徒專屬的城市，為了性命著想，穆斯林和猶太人都不敢進城。

來自法國的高弗瑞公爵（Godfrey）得到十字軍將領的推舉，成為耶路撒冷王國的首任統治者，並自稱「聖墓守護者」。可惜高弗瑞英年早逝，後來他的弟弟鮑德溫一世受到擁戴，當上耶路撒冷王國的首任基督徒國王，並將阿克薩清真寺改為國王居住的宮殿。至於磐石圓頂清真寺，十字軍認為那是所羅門王建造的古老聖殿，便將那裡當成舉行國王加冕儀式的「天主聖殿」。

鮑德溫一世也被稱為「大鮑德溫」，因為他不但身材高䠒、作風強悍，

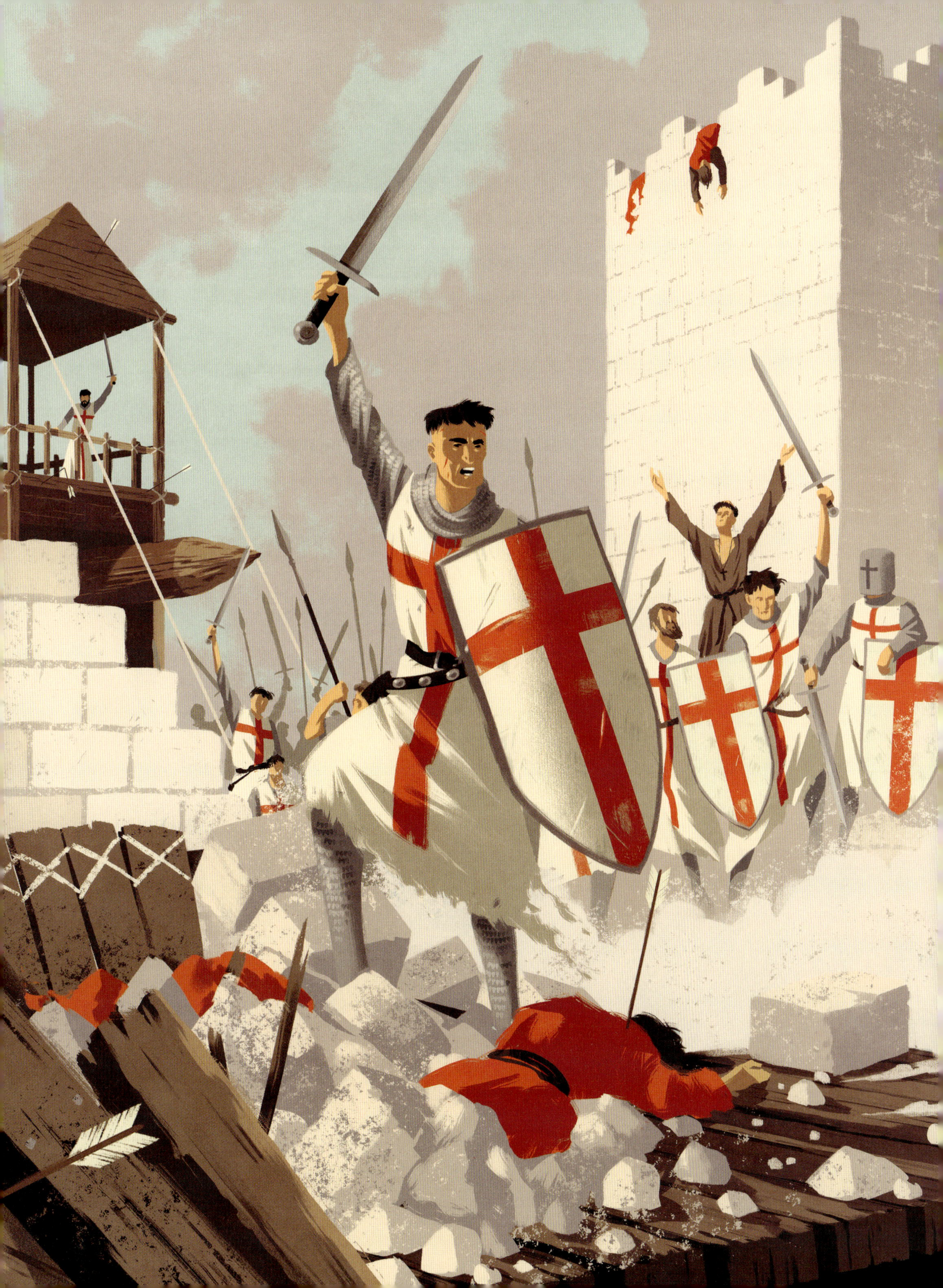

還是位勇猛善戰的國王；為了剛創立的耶路撒冷王國，既能攻城掠地，也能抵禦外敵。他死後，堂弟鮑德溫二世繼位，同樣是位作風強悍的英明將領，但由於身材較矮小，因此又被稱為「小鮑德溫」。

有一次，小鮑德溫被突厥人俘虜，幸好在耶路撒冷支付贖金後獲釋。小鮑德溫沒有兒子，因此他死後，由女兒梅莉桑德繼位為女王。梅莉桑德在位期間整修了聖墓教堂，也就是我們今天所看到的模樣。當時堪稱耶路撒冷王國的黃金時代，在許多基督徒心目中，耶路撒冷確確實實就是世界的中心。

梅莉桑德喜歡大權在握的感覺。當丈夫去世時，他們的兒子──有著一頭金髮、結實肌肉、英俊瀟灑的鮑德溫三世──年約二十歲，但她拒絕交出權力。後來，鮑德溫三世憑藉著謀略和領導天賦奪取王權，逼得母親無奈答應退位養老。

鮑德溫三世與弟弟阿莫里國王（Amaury）都是十分能幹的領導者。阿莫里國王去世後，他的兒子鮑德溫四世已準備好接掌王國，但這位騎術精湛且機敏聰慧的騎士有個不能公開的祕密：某天，他跟朋友玩用針互戳的遊戲，但眾人注意到他絲毫不覺得痛——原來他的手已完全失去知覺！這種一步步吞噬他的疾病正是麻風病。這位可憐的年輕人漸漸病得不成人形，因此得到「麻風國王」的綽號。為了掩飾臉部的潰爛，鮑德溫四世開始戴上面具，但他非常勇敢，就算他得設法把自己固定在馬鞍上，仍堅持騎馬上戰場。然而日益惡化的病情，彷彿也反映出耶路撒冷王國終將衰敗的命運。

　　一方面，王國的人口原本就不多，但貴族們卻忙著勾心鬥角、爭權奪利；另一方面，一位頗具才幹的蘇丹（伊斯蘭國家的統治者）成為敘利亞與埃及的領袖，在他的號召下，穆斯林紛紛團結起來，參與解放耶路撒冷的聖戰——這位蘇丹正是薩拉赫·阿丁（Salah al-Din），也就是十字軍所稱的薩拉丁。

　　薩拉丁打起仗來就像十字軍般殘暴無情。他進攻耶路撒冷王國時，鮑德溫四世不但已經失明，也騎不了馬，甚至無法起身，連劍都拿不起來。但麻風國王還是無所畏懼，就算只能躺在擔架上讓人抬著，也要上戰場。鮑德溫四世病故時，年僅二十三歲。後來王國落入貴族居伊（Guy）手中，不過居伊是個昏庸無能的投機者，託了老婆（鮑德溫四世的妹妹）的福才能當上國王。1187年，薩拉丁打敗居伊，收復耶路撒冷，還親自用玫瑰水清洗神聖殿堂（穆斯林對聖殿山的稱呼）的磚石。不過，十字軍的故事還要等到很久以後才會結束。

15
獅心王理查與蘇丹薩拉丁

三年後，歐洲諸王再度發起十字軍東征，企圖奪回耶路撒冷，領軍者有英格蘭國王理查一世、法蘭西國王菲利普二世，還有神聖羅馬帝國皇帝「紅鬍子」腓特烈一世。腓特烈一世在東征途中墜河溺斃，但很多人相信他成了「沉睡的皇帝」，將在審判日來臨時甦醒。至於理查一世和菲利普二世，則一路東進到阿卡（Acre，位於現今以色列北部的港口），在那裡跟薩拉丁交戰。在這段期間，菲利普二世與理查一世產生摩擦，於是先回巴黎；沒想到留下來的理查一世幾乎擊潰薩拉丁，還因此贏得「獅心王」的稱號。

據說理查一世和薩拉丁是當時最厲害的騎士，雖然兩人都曾屠殺大量戰俘，但也都十分仁慈，具有俠義精神；到後來，敵對的雙方甚至對彼此產生敬意。理查一世一度很接耶路撒冷，近到能看到城牆的程度，可惜沒有足夠的實力攻下它，因此他寫信給薩拉丁求和：「穆斯林和法蘭克人（十字軍）都已疲憊不堪，整片土地也都在戰火中化為廢墟，我們唯一要討論的，其實只有耶路撒冷。」

但薩拉丁反駁：「我們認為耶路撒冷是我們的，正如你們認為耶路撒冷是你們的。事實上，它對我們來說更重要。」接著理查又提議，讓他的妹妹

嫁給薩拉丁的弟弟，如此一來，這兩人就能以國王與王后的身分共同治理耶路撒冷。薩拉丁同意了，但基督徒對此感到憤怒，理查的妹妹也不肯答應。最後他們取得了分配的共識：薩拉丁繼續保有耶路撒冷，十字軍則以阿卡港為首都，延續耶路撒冷王國。就這樣，理查一世回到了英格蘭。

三十年後，神聖羅馬帝國皇帝腓特烈二世同意發起十字軍東征。擁有日耳曼和西西里王室血統的腓特烈二世除了才華洋溢，也富有想像力；由於他的非凡特質，後世稱他「世界奇蹟」(Stupor Mundi)。他能說流利的義大利語、日耳曼語與阿拉伯語，出入都帶著阿拉伯護衛；不但沉迷於科學，也寬容其他宗教。他身邊常有科學家與學者陪伴，而他們可能是基督徒、穆斯

林或猶太人；他還擁有一座動物園與五十名馴鷹人。由於他的妻子是耶路撒冷王國的女王伊莎貝拉二世，因此他在婚後便自視為耶路撒冷王國的國王，快馬加鞭前往巴勒斯坦地區。

耶路撒冷素來以牢固的城牆聞名，沒想到薩拉丁的姪子卡彌爾（Kamil）蘇丹眼看十字軍來勢洶洶，就要奪回聖城，竟決定拆掉城牆，讓防守變得更困難。從此之後整整三百年，耶路撒冷都沒有城牆！最後，卡彌爾認為耶路撒冷無法抵抗軍容壯盛的十字軍，索性簽署和平協議，跟腓特烈及基督徒共享耶路撒冷，雙方同意讓穆斯林保有神聖殿堂（也就是猶太人和基督徒所稱的「聖殿山」）。後來，腓特烈二世騎馬進入耶路撒冷，戴著代表國王的王冠參加教堂所舉行的儀式，也堅持宣禮員要像平常一樣呼喚穆斯林進行禮拜。儘管卡彌爾與腓特烈二世的和平談判堪稱歷史特例，但他們一死，和平協議馬上就作廢了，薩拉丁的後人收回了耶路撒冷。

另一方面，來自東方的蒙古人正在西進，不久後，薩拉丁的繼承者將失去帝國大權⋯⋯。

16
豹與鷹

　　冷酷無情的成吉思汗率領他的騎兵向西而來，橫跨俄羅斯與中亞草原，建立了前所未有的大帝國。1244年，一隊蒙古騎兵聲勢浩大地來到耶路撒冷，迅速劫掠了沒有城牆、毫無防備的街道，然後頭也不回地離開。看來，蒙古人很有可能成為耶路撒冷的新主人。

　　但某位傑出的埃及將軍並不這麼想。他的名字叫拜巴爾（Baibars），是個虎背熊腰的金髮突厥巨人，有一雙藍眼睛，不過其中一眼失明。他小時候曾被當成童奴賣給埃及蘇丹，而蘇丹買下成千上萬名男童，就是為了訓練他們成為奴兵，也就是馬木魯克（Mamluk）。拜巴爾的綽號是「豹子」，因為他的身手矯健且凶猛，還很擅長使用鋼製十字弓，是埃及軍隊中最厲害的弩箭手，也因此迅速升為將領。

　　蒙古大軍正南下朝耶路撒冷而來；與此同時，拜巴爾也率領了一批軍隊北上跟他們交戰，結果拜巴爾獲勝，還順便解救了耶路撒冷。他很快就自封為蘇丹，統治範圍包括現在的埃及、敘利亞、以色列和巴勒斯坦；只能說，這條從童奴開始的王者之路實在太不可思議了。拜巴爾還命人刻了許多象徵自己的豹形雕像，放在他的領土範圍內——現在仍能在耶路撒冷的獅子門看到。但拜巴爾在位時期，耶路撒冷只剩少少的兩千人，大多是穆斯林，另外還有三百人是基督徒，兩人是猶太人。於是他開始著手重建這座城市。

拜巴爾極為殘暴，無論走到哪裡，身後都會留下暴行與殺戮染紅的血路。他的消遣之一，就是毒殺賓客。某天他為客人準備了毒藥，沒想到一時忘記，反而自己喝下。

　　拜巴爾的繼承者是納西爾・穆罕默德（Nasir Muhammad），一位出色的領袖，人稱「優雅者」和「鷹」。雖然他將帝國首都設在開羅，卻非常尊崇耶路撒冷，還自稱「聖所蘇丹」（聖城耶路撒冷之王），大大翻新了整座城——據說他抵達時，只看到一片塵土；離開時，卻留下許多大理石建築。

　　之後，城市人口迅速增加，許多猶太人和基督徒都在這裡安居樂業，每個人都可以用自己的方式祈禱、賺錢，就連猶太人也能在舊聖殿的牆邊祈禱。豹王與鷹王的馬木魯克繼承者持續統治耶路撒冷長達三百年，直到有一天，人稱「冷酷者」的嗜血蘇丹來到城門外。

17
蘇雷曼大帝、修蕾姆與塞利姆

1517年3月,一位能幹的征服者旋風般來到聖城,打敗守城的馬木魯克蘇丹,此人正是「冷酷者」塞利姆——老謀深算、驍勇善戰,而且殺人不眨眼,所作所為完全符合他的名號。六十四年前,也就是1453年,突厥軍閥鄂圖曼家族橫掃東羅馬帝國,攻下君士坦丁堡,吹熄了偉大羅馬帝國殘存的榮光——塞利姆正是鄂圖曼家族的一員。塞利姆繼位時,版圖範圍已經包含當時的部分匈牙利與塞爾維亞,後來又持續擴張至伊朗,然後南下擊潰馬木魯克。這意味著耶路撒冷與中東的阿拉伯地區將屬於鄂圖曼土耳其人,他們的統治也將持續四百年——雖然阿拉伯人經常叛變,但每當他們有什麼動靜,鄂圖曼帝國的統治者總有辦法鎮壓。

占領耶路撒冷後,塞利姆同意讓基督徒及猶太人保有祈禱的自由。參拜完阿克薩清真寺,他又揮軍南下,消滅馬木魯克的殘餘勢力,然後將最後一任馬木魯克蘇丹的屍體掛在開羅城門外示眾。建立龐大的帝國後,塞利姆決定交棒給最喜愛的兒子蘇雷曼(Suleiman);驚人的是,他命人用弓弦絞死自己的兄弟、姪子,甚至是其他兒子,如此一來,等他過世後,蘇雷曼就會是唯一能繼承帝國大統的鄂圖曼家族成員。

二十五歲的蘇雷曼又高又瘦，有一張長長的臉，歐洲人稱他為「蘇雷曼大帝」，土耳其人則稱他為「立法者」。他和父親一樣幹練、殘忍，不過他殺的人稍微少一點，待人處事也沒那麼冷酷無情。在位期間，他讓自己晉身世界霸主，在三大洲都取得豐碩的戰果，先後占領了巴格達、貝爾格勒、的黎波里，還差一點攻下維也納。鄂圖曼土耳其人是穆斯林，無論到塞爾維亞、阿爾巴尼亞、烏克蘭、俄羅斯或波蘭，他們都會抓基督徒男孩當奴兵，俘虜基督徒女孩當妻妾。他們會先讓男孩改信伊斯蘭教、訓練成士兵，再提拔表現優異的人成為將領或大臣——這種做法類似埃及的馬木魯克王朝。同樣的，他們會讓女孩改信伊斯蘭教、將她們賣給蘇丹，蘇丹則會安排她們住進人稱後宮（harem）的王宮禁院。後宮裡，特別受到蘇丹寵幸的女性會生下孩子，有孩子的女性則會得到更高的地位與更多的權勢，有的還會成為蘇丹后，並在兒子繼位後參與國政。

　　蘇雷曼愛上了一個被賣到後宮的烏克蘭女奴。這名女子有著一頭紅銅色的秀髮，聰明又有魅力，大家叫她羅克瑟拉娜，蘇雷曼則賜名修蕾姆（Hurrem），意思是「令蘇丹喜悅的歡笑者」。蘇雷曼自稱所羅門第二及世界之王，並與修蕾姆共同決定整修當時仍無城牆的聖城。蘇雷曼為磐石圓頂清真寺加上美麗的馬賽克圖飾，並在整座城的周圍修建新城牆——這些城牆自那時屹立至今。

此外，修蕾姆也以自己的名義建造新的清真寺，並成立慈善機構。在西歐，英格蘭、西班牙、葡萄牙等國的基督徒國王都討厭猶太人，甚至下令將所有猶太人驅逐出境；蘇雷曼則說，基督徒國王的愚蠢決定讓他撿了大便宜。他敞開帝國大門歡迎猶太人，到了1550年代，住在耶路撒冷的猶太人總數已超過兩千人。長久以來，猶太人會到舊聖殿的南、東、西牆祈禱，但蘇雷曼下令限縮他們的祈禱範圍，從此猶太人只能在西牆的某個區段祈禱。某天，蘇雷曼的御醫向他引介一名剛逃離葡萄牙的猶太富商約瑟·納西（Joseph Nasi）。蘇雷曼的兒子塞利姆二世（頭髮跟母親修蕾姆一樣是紅銅色的）也跟約瑟成為好朋友，繼位後還封約瑟為納克索斯公爵（Duke of Naxos）。約瑟與許多猶太人一樣，想幫助同胞回到聖地，於是塞利姆二世允准他帶更多猶太人到耶路撒冷定居，讓他成為耶路撒冷的猶太社群守護者。因為有蘇雷曼大帝、修蕾姆與塞利姆這三位統治者，耶路撒冷成了鄂圖曼帝國中的璀璨寶石。

扎希爾・烏瑪爾・扎伊達尼
阿拉伯統治者，後世稱他為第一任「巴勒斯坦國王」。

拿破崙
法國軍官，曾入侵埃及與巴勒斯坦，為他的稱帝之路造勢。

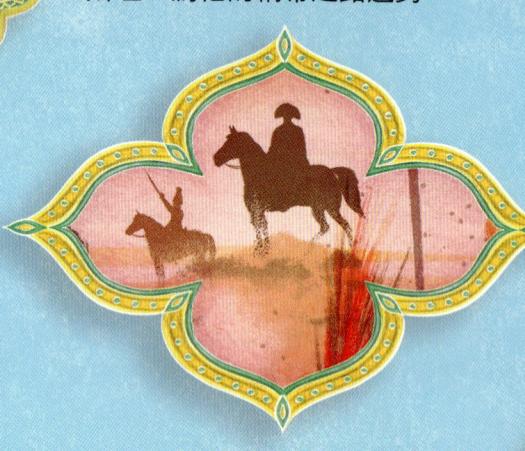

凱薩琳大帝
俄羅斯女皇。在位期間，俄羅斯的國力大幅提升，後來還企圖吞併君士坦丁堡與耶路撒冷。

第4章
耶路撒冷再度崛起
1570年代到1948年

侯賽因・本・阿里、阿布杜拉・本・侯賽因、費薩爾・本・侯賽因

提奧多爾・赫茨爾
奧匈帝國猶太裔作家，也是提倡猶太人獨立建國的意見領袖。

威廉二世
德意志帝國皇帝。威廉二世企圖提升德意志在阿拉伯地區的影響力。

侯賽因是麥加的統治者，曾想統一阿拉伯部落。後來跟兒子阿布杜拉及費薩爾起兵反抗鄂圖曼帝國。

亞瑟・貝爾福

英國政治人物，曾任外交大臣，並在任職期間發表《貝爾福宣言》。

溫斯頓・邱吉爾

英國政治人物，擔任首相前，曾任殖民地事務大臣，並在這段期間協助仲裁中東事務。

加拿大

美國

俄羅斯

烏克蘭

法國

克里米亞　亞美尼亞

巴勒斯坦

印度

帝國代表色

- 英國
- 鄂圖曼土耳其
- 法國
- 俄羅斯
- 義大利

~第一次世界大戰前的~
帝國勢力
1914年

阿絲瑪罕

埃及的敘利亞裔貴族、歌手和演員，後來還當了間諜。

拉希布・那夏希比

巴勒斯坦的大地主，後來當上耶路撒冷市長。

18
欽定本《聖經》

1610年，一位名叫喬治·桑迪斯 (George Sandys) 的英國旅人來到耶路撒冷，他是約克大主教的兒子，跟英國王室有些交情。當時的國王詹姆斯一世啟動了《聖經》新譯本計畫，要將《聖經》翻譯成優美的英文散文。《聖經》包含許多內容，其中有一部分是耶路撒冷的故事，而這個新的英文譯本（即欽定本《聖經》，完成於1611年）將再度改變耶路撒冷的歷史。

欽定本《聖經》受到想進一步改革教會的新教徒珍視。時間往前推大概一百年，有一群基督徒鄙視教會領袖和教宗的腐敗，發起用新作法改變教會的運動，也就是歷史上的「宗教改革」，而這群人也被稱為「新教徒」。宗教改革後，包括英國在內的許多歐洲北部國家都信奉新教，但這對喬治·桑迪斯等許多人來說還不夠。他們想要一種以《聖經》為基礎，更簡單、純粹，沒有主教和教宗的信仰，後來這些人便被稱為「清教徒」。清教徒尤其相信希伯來《聖經》中提到的末日預言：當猶太人重返耶路撒冷，耶穌就會再度降臨人間。

桑迪斯看到的耶路撒冷是一座破敗的城市，蘇雷曼、修蕾姆和塞利姆時代的榮光消退殆盡，只剩下塵土飛揚的冷清街道，貧苦的人民也只能任由貪婪的鄂圖曼官員宰割。桑迪斯將旅途中的見聞寫成遊記，獻給威爾斯王子查理，也就是詹姆斯一世的兒子。可是等到他回到英格蘭後，卻再也受不了詹姆斯一世和查理一世的統治，教會的繁複儀式也讓他厭煩無比，於

是他決定前往美洲,在那裡擔任維吉尼亞公司的財務主管。這是詹姆斯一世成立的特許公司,目的是在北美洲東岸建立新殖民地。桑迪斯與他的清教徒同伴相信,正如耶路撒冷是以色列人的聖城,到美洲拓墾的人將成為新以色列人,而美洲就是他們的新耶路撒冷。事實上,至今仍有些美國基督徒這麼想。

至於在英格蘭,國王查理一世正受到議會挑戰:當時有許多議員是清教徒,他們認為國王是暴君。不久後,清教徒追隨冷酷無情的奧立佛·克倫威爾將軍,發動軍事政變,在內戰(清教徒革命)中推翻了查理一世。1649年,他們將國王送上斷頭臺,並推舉克倫威爾擔任護國公,統治英國。克倫威爾就像當時大多數的新教徒一樣,深信耶穌遲早會再臨,前提是猶太人要先回到耶路撒冷。

十字軍東征時期,猶太人在英格蘭遭受嚴重迫害;1290年時,更是全數遭到驅逐出境。由於克倫威爾相信猶太人很快就會返回耶路撒冷,為了表達善意,於是他邀請猶太人回到倫敦。另一方面,鄂圖曼帝國的總督多半殘酷無情,讓耶路撒冷的居民過得很痛苦,而這些居民大多是阿拉伯人,其中有穆斯林,也有東正教徒,此外還有人口比例偏低但為數不少的猶太人。1702年,耶路撒冷的阿拉伯人追隨穆斯林法官穆斯塔法·侯賽尼(Mustafa al-Husseini)起義抗暴。雖然侯賽尼以神聖殿堂為據點,加強防禦工事,但還是抵抗不了鄂圖曼大軍的圍城攻勢。最後,耶路撒冷被奪,穆斯塔法·侯賽尼遭到逮捕,並被處以斬首之刑。

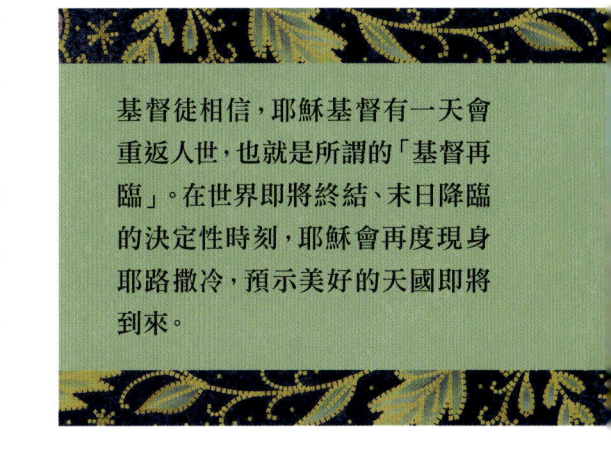

> 基督徒相信,耶穌基督有一天會重返人世,也就是所謂的「基督再臨」。在世界即將終結、末日降臨的決定性時刻,耶穌會再度現身耶路撒冷,預示美好的天國即將到來。

1730年左右,來自加利利的貝都因人扎希爾·烏瑪爾·扎伊達尼(Zahir al-Zaydani)崛起,成為謝克(sheikh,部落首領之意)。他以阿卡為基地,統治巴勒斯坦大部分區域。扎希爾後來聯合埃及統治者阿里·貝伊(Ali Bey,綽號「抓雲者」)一起反抗鄂圖曼帝國。鄂圖曼帝國在巴勒斯坦雖有不少

領土,但被扎希爾與抓雲者的聯合軍隊一一攻下;儘管鄂圖曼大軍試圖反擊,卻屢遭挫敗,這是因為扎希爾與抓雲者有新興強權俄羅斯帝國為後盾。

一方面是由於對俄羅斯朝聖者來說,耶路撒冷是非常神聖、崇高的所在;另一方面,當時鄂圖曼帝國的版圖有部分在現今的烏克蘭和克里米亞境內,使得歷代沙皇都很想消滅鄂圖曼帝國。當時在位的俄羅斯女皇凱薩琳大帝不但有野心,還有實現野心的聰明才智與熱情,俄軍征服烏克蘭和克里米亞後,她立刻派艦隊援助扎希爾進攻雅法(Jaffa)這個離耶路撒冷約六十五公里的港口。後來扎希爾果然成功拿下雅法,但他終究沒能拿下耶路撒冷。

最後，鄂圖曼大軍殺了抓雲者，八十六歲的扎希爾則僥倖騎馬逃脫。扎希爾逃命到一半，突然想起最心愛的小妾沒跟上，又掉頭回去找她。沒想到，當他試圖把小妾拉上馬時，這名女孩背叛了他，反手將他拉下馬，有第一任巴勒斯坦國王之稱的扎希爾就這樣中刀身亡；敵人還砍下他的頭加以醃漬，送到伊斯坦堡獻給蘇丹。在俄羅斯，凱薩琳大帝從英國和法國招攬了許多人才為官。有位年輕的法國軍官本來有意加入她的軍隊，後來卻選擇留在法國，因為那裡正蘊釀一場大革命——他就是拿破崙‧波拿巴。他參與了推翻國王的武裝起義，後來革命派獲勝，將國王和王后送上斷頭臺，並開始向反對革命的所有歐洲國王宣戰。在這場長達二十年的戰爭中，年輕的拿破崙展露鋒芒，從一介士兵一步步爬升到法國的權力顛峰。

19
拿破崙對戰屠夫

　　1798年，二十八歲的拿破崙儘管頭髮稀疏、身材瘦削、臉色蒼白憔悴，但野心勃勃。身為軍事將領的他踏上了征服埃及與中東（包括耶路撒冷）的冒險之旅，目標是建立一個新的法蘭西帝國，企圖撼動大英帝國在印度的統治權。

　　首先，拿破崙率領龐大的艦隊航向埃及：三百五十五艘船上共搭載了三萬五千名士兵，還有一百六十七位學者及科學家。

　　在金字塔陰影下所進行的某場戰役中，拿破崙輕鬆打敗駐守埃及的鄂圖曼總督。接著他朝巴勒斯坦進軍，還發下豪語，說他會拿下耶路撒冷，並「站在所羅門聖殿的廢墟上」。此外，他也承諾會在耶路撒冷重新建立一個猶太王國。

　　當時治理耶路撒冷和巴勒斯坦的鄂圖曼總督十分殘暴，此人就是住在阿卡港的波士尼亞軍閥「屠夫」賈薩爾（Jazzar the Butcher）。「屠夫」這個綽號來自他威逼下級官員的手段——他會切掉或挖掉他們的一隻眼睛或一隻手或一隻耳朵或鼻子，好讓他們心生畏懼。拿破崙在進軍耶路撒冷前，得先過屠夫這一關。

　　靠著大英帝國的海軍為後援，屠夫賈薩爾守住了阿卡，拿破崙只好撤退到埃及，把可憐的士兵留在那裡，自己逃回法國，卻宣稱法軍大獲全勝。後來拿破崙進入巴黎的權力核心，先是當上執政官，接著在1804年自行加

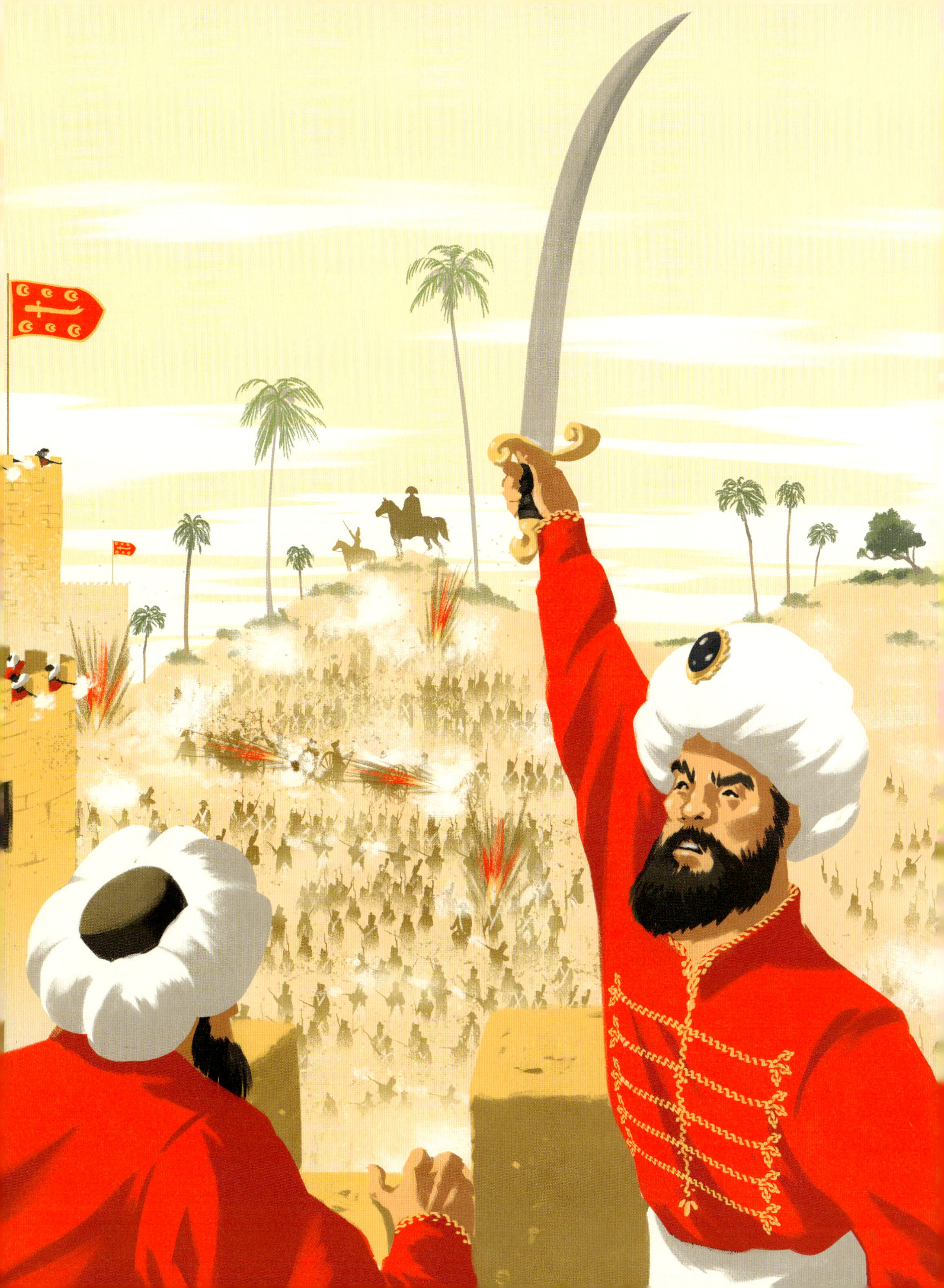

冕稱帝。往後十年，拿破崙稱霸整個歐洲，甚至還成功入侵俄羅斯，火燒莫斯科。但他沒得意多久，就被大英帝國、普魯士王國和俄羅斯帝國圍攻，最後落得流放小島的下場。然而，他未能征服耶路撒冷的軍事挫敗，反而讓歐洲重新燃起對聖城的興趣。

20
英國旅人與新城市

　　1827年，年輕的猶太裔英國人摩西・蒙提費歐里（Moses Montefiore，我的祖先）來到耶路撒冷。他是出生於義大利的銀行家，而「蒙提費歐里」的意思是「滿山的花」。

　　鄂圖曼帝國將阿卡當成管轄巴勒斯坦的行政中心，縱容貪官汙吏橫行霸道，放任盜匪恣意破壞，使得前往耶路撒冷的旅程變得相當危險。蒙提費歐里沿路睡在帳篷裡，身上還佩戴兩柄手槍。到了耶路撒冷，他發現那裡一片荒涼：整座城的居民不到兩千人，而且那裡的猶太人非常窮困，連衣服都破破爛爛的。在舊城區，刺梨仙人掌恣意蔓生，城牆內有一大半地方都長滿了仙人掌叢。所有猶太人過踰越節時都會說「明年耶路撒冷見」，這句話也是蒙提費歐里從小聽到大的；而每年說著這句話的猶太人，無不殷殷盼著重返耶路撒冷的那一天。這時，蒙提費歐里能來到這裡，表示歐洲基督教帝國的國力正在轉強，鄂圖曼帝國的衰弱正好吸引他們前往東方發揮影響力。

　　轉眼三十年過去，耶路撒冷再度成為富庶的城市，朝聖者從世界各地蜂擁而至，這些旅人主要來自倫敦、莫斯科、紐約、維也納和巴黎等地，把街道擠得水泄不通，在亮麗的新教堂裡做禮拜，在華貴的新旅館留宿；至於這些新建築的出資人，都是歐洲的國王和皇帝。每年有兩萬俄羅斯人到這裡過復活節，王子、國王、知名作家與貴族也紛紛到此一遊。只是住在城裡

的猶太人依然窮到吃不飽。

蒙提費歐里一方面跟阿拉伯人交好,同時也與耶路撒冷的鄂圖曼官員保持良好的關係。1860年,他向耶路撒冷的總督阿瑪德·阿加·杜扎爾(Ahmad Agha Duzdar)買了一塊地,打算在那裡蓋些小屋和一座風車磨坊,讓猶太人可以在那裡做麵包。這個地方後來被稱為「快樂住宅」(Mishkenot Shananim),是舊城牆外的第一個猶太人社區。人們為了紀念蒙提費歐里,還將鄰近街區取名為「摩西的右手」(Yemin Moshe)。大約在同一時期,巴勒斯坦的阿拉伯望族成員拉巴·侯賽尼(Rabah al-Husseini)也在城牆外成立了第一個阿拉伯人社區,並取名為「謝克雅拉」(Sheikh Jarrah),因為薩拉丁的御醫雅拉就安葬在這一帶。蒙提費歐里的風車留存至今,他當年曾搭乘馬車拜訪附近的猶太人聚落,現在也能在風車旁看到那輛馬車的複製品;至於謝克雅拉,現在則發展成東耶路撒冷的大社區。

也就是說,到了1860年,耶路撒冷再度列位世界大城。但這三十年間發生了什麼事呢?一切還得從某年復活節的聖墓教堂說起……。

21
聖火與教士群毆

每年復活節時，無數外國朝聖者和當地阿拉伯基督徒都會到耶路撒冷過節，觀賞聖火奇觀。然而無論古代或現代，凡是節慶期間、聖城人山人海的時候，往往也是麻煩特別多的時候。

1831年，當時的耶路撒冷、敘利亞和巴勒斯坦地區都是由新征服者穆罕默德·阿里帕夏（Muhammad Ali Pasha，「帕夏」意指地區官員或總督）統治。這位阿爾巴尼亞裔土耳其人與他的兒子——人稱「紅色」的易卜拉欣（Ibrahim the Red）是近代阿拉伯世界最強大的統治者，他們不但打算征服整個中東地區，還想完全消滅鄂圖曼帝國。

1834年復活節，和往年一樣，聖城的最高領導人易卜拉欣坐鎮聖墓教堂，觀賞聖火儀式。可是當火花出現時，教堂裡的人開始互相推擠，煙霧迅速瀰漫整座教堂；朝聖者陷入驚慌，有些從陽臺上跌落，有些則開始亂竄，易卜拉欣只好召喚帶著刺刀槍的士兵前來控制場面。結果儀式演變成亂鬥，數百人因此喪生。這場人禍引爆了阿拉伯人對埃及征服者的不滿與叛亂，而易卜拉欣之所以得到「紅色」這個綽號，不只是因為他有紅鬍子，也是因為他的凶狠——這場暴力鎮壓讓阿拉伯人血流成河。

> 從耶穌受難日（復活節的前一個週五）的晚上到耶穌復活日的凌晨，東正教徒——有些是來自歐洲的朝聖者，但大多都是巴勒斯坦的阿拉伯人基督徒——會在聖墓教堂守夜，他們相信上帝會在耶穌的墓地降下神聖的火苗。當聖火奇蹟般出現後，教堂裡的信眾會用手上的蠟燭傳遞它。

基督徒聽聞消息都非常震驚，英國人尤其驚恐，他們決定阻止易卜拉欣扳倒鄂圖曼帝國。在英國，決定介入的重要人士包括外交大臣帕莫斯頓勳爵（Viscount Palmerston），他擔心一旦鄂圖曼帝國覆滅，法國或俄國會趁機成為近東地區的支配者。強悍又頗具魅力的帕莫斯頓勳爵是喜好享樂的貴族；他的女婿夏夫茨貝里伯爵（Earl of Shaftesbury）則是個狂熱的新教徒：他和桑迪斯及克倫威爾一樣，熱切相信猶太人必須在基督再臨前重返耶路撒冷，並且到處宣揚這個信念。許多猶太裔英國人也這麼想，包括夏夫茨貝里

伯爵的朋友摩西・蒙提費歐里,還有他那有名的銀行家姻親拿塔尼爾・羅特希爾德(Nathaniel Rothschild)。

帕莫斯頓勳爵逼迫紅色易卜拉欣撤軍,挽救了鄂圖曼帝國,接著說服蘇丹給予少數族群更多權利,包括在耶路撒冷的猶太人。結果耶路撒冷開始出現大批外地旅客,他們可能來自歐洲、美國或俄羅斯,也可能是天主教徒、猶太人或清教徒,復活節時尤其人潮洶湧……。

1846年的耶穌受難日,鄂圖曼總督坐在聖墓教堂的寶座上主持儀式,

準備觀賞聖火降臨，突然間，天主教和東正教士紛紛拿出手槍與劍，展開激烈的打鬥——他們早就把武器藏在柱子後或僧袍裡，預謀奪取聖墓教堂的主導權。鄂圖曼士兵試圖阻止這場混亂，不到幾分鐘，就有四十名修士倒地成為屍體。

這時的俄國正值沙皇尼古拉一世在位。他不但高大魁梧，還有一頭金髮，有人說他是「全歐洲最英俊的男人」；同時他也想透過戰爭建立功績，以展現自己的卓越不凡。因此他決定效法祖母凱薩琳大帝，進攻伊斯坦堡，將鄂圖曼帝國的領土納為己有。他發出警告：如果鄂圖曼蘇丹無法照顧耶路撒冷的基督徒，那麼身為沙皇的他就有權去保護他們——當然，他的意思不是親自去，但如果他做得到這件事，就表示俄羅斯已掌控整個中東地區。

另一方面，在巴黎，大名鼎鼎的拿破崙有個姪子也當了皇帝，稱號「拿破崙三世」，他也以保護天主教徒為由，脅迫鄂圖曼帝國。這兩位君主都不只是說說而已，而是真的派出了艦隊及士兵。俄國的尼古拉一世入侵鄂圖曼帝國的歐洲領土（現今的摩爾多瓦和羅馬尼亞），自以為打了勝仗，但以帕莫斯頓勳爵為首的英國人卻跟法國人結盟，進攻克里米亞，讓俄軍輸得一塌糊塗。尼古拉一世大受打擊，最後含恨病歿；他的兒子亞歷山大二世繼位後則選擇談和。這時，歷史再度重演，所有目光都集中在耶路撒冷，因為所有人都想拿下聖城。

克里米亞戰爭結束後，耶路撒冷變得更開放，城裡開始出現許多歐洲人和美國人。美國基督徒來到這裡，相信位於美洲的應許之地跟耶路撒冷有深刻的連結。英國人、美國人、法國人、奧地利人和德國人不斷湧入，陸續興建了許多教堂和旅館，聖城開始改頭換面；開放猶太人進城後，也有越來越多猶太人前來定居。在此之前，耶路撒冷雖然擁有可觀的古代遺跡，卻只是一個到處都是仙人掌且塵土飛揚的小村落；經過短短一個世代，這座古城再度變身成為繁華、輝煌的城市，簇新的大理石建築迅速崛起，穿金戴銀的貴族、珠光寶氣的名人在街上川流不息。

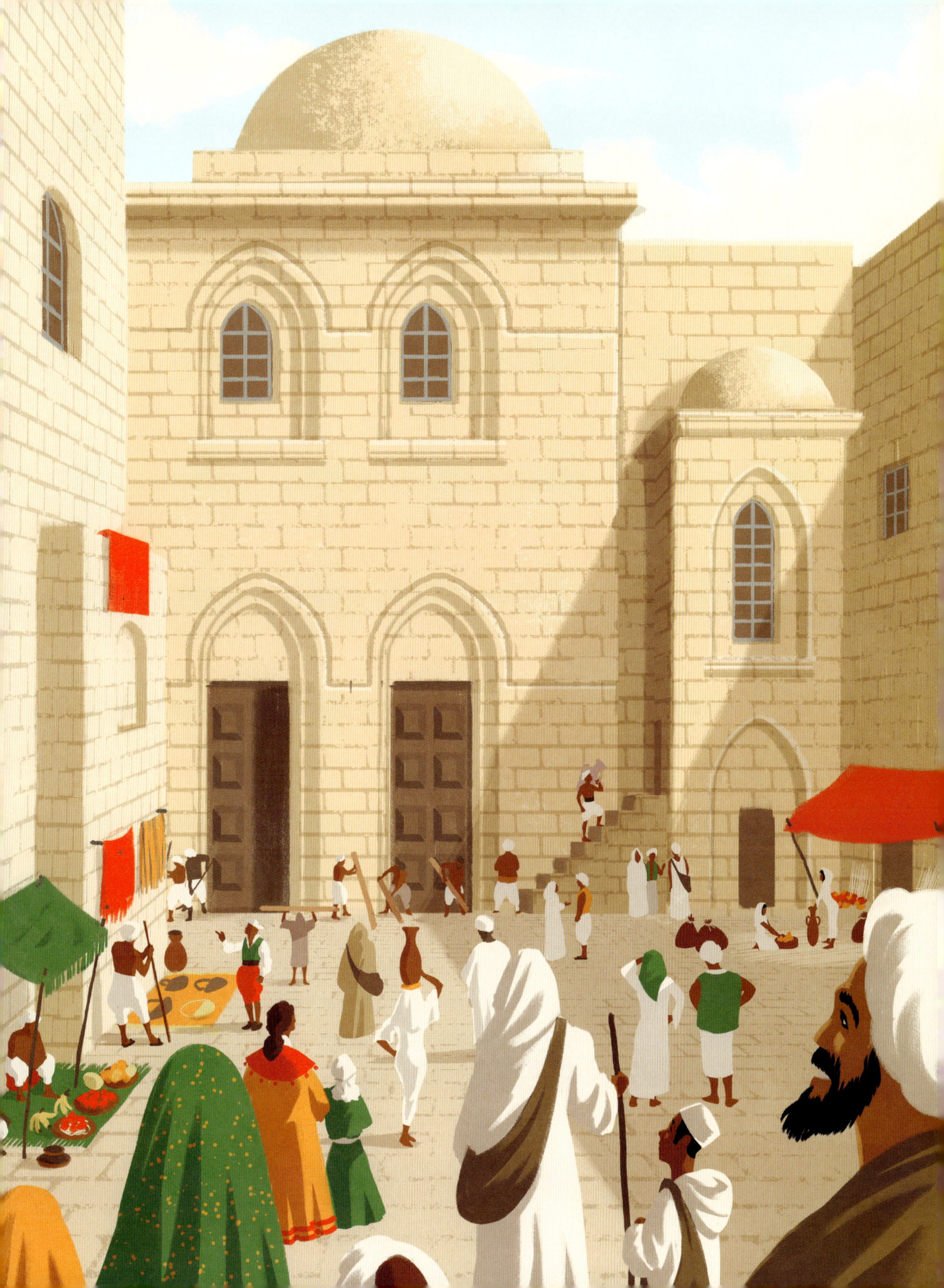

22
最後的十字軍

1881年5月，俄國沙皇亞歷山大二世遭到暗殺，全國上下頓時陷入動盪，許多人認為，猶太人要為刺殺行動負責。瘋狂的暴民到處攻擊、殺害猶太人，連警察也跟著推波助瀾，有個新詞彙便是由這些迫害行動而來：**大屠殺**（pogrom，來自俄文，意思是「摧毀」）。大批猶太人開始逃離俄國，其中有不少人到美國展開新生活，有些則逃到耶路撒冷，或是過去兩千年來猶太人世代居住的巴勒斯坦。同時，法國和奧地利也出現另一波迫害猶太人的行動，而這類反猶太的種族歧視行為又稱「反閃族主義」（antisemitis，因為猶太人認為自己是諾亞之子「閃」的後代）。

1895年，奧地利記者提奧多爾・赫茨爾（Theodor Herzl）提出一個構想，希望能實現猶太人長久以來的夢想，並把它寫成《猶太國》一書。赫茨爾相信，猶太人必須擁有自己的國家，才不會一直受到歐洲基督徒欺侮。赫茨爾的夢想成為錫安主義的基礎，畢竟猶太人一直盼望能重返錫安山——耶路撒冷常見的別名之一。

另一方面，在巴勒斯坦和中東地區，七百年來一直受到外族統治的阿拉伯人也想改變，開始希望從鄂圖曼帝國獨立。巴勒斯坦的人口多是阿拉伯人，至於耶路撒冷，猶太人的人數稍微多一點。耶路撒冷的阿拉伯望族領袖看到這裡出現越來越多猶太移民，心裡開始不安了起來；另一方面，某個新興強權也在不久後，高調展現了占有耶路撒冷的企圖心……

1898年10月，一位表演欲強烈的奇怪男子騎著白馬進入耶路撒冷。他身穿白色軍裝，尖頂盔上有金鷹裝飾，頭盔下則垂掛著長度及踝的金絲頭巾，看起來非常醒目；旁邊還有一大隊騎士護衛，揮舞著類似十字軍的旗幟。這位白馬騎士正是德意志帝國的皇帝威廉二世。

不久前，他統一了許多日耳曼語系的小王國，建立新帝國，躋身歐洲列強。暱稱「威利」的威廉二世習慣替自己的八字鬍上蠟，個性有點反覆無常，也喜歡做出浮誇的舉止，表現出不可一世的樣子。進入耶路撒冷前，威利才剛到伊斯坦堡與鄂圖曼蘇丹見面。長期以來，英國和法國一直主導這個區域的發展，他如此大張旗鼓出行，也是為了展現德國的實力，與這兩國互別苗頭。威利出資在耶路撒冷興建一座巨大的德式教堂，還打造了一座宏偉的城堡，以皇后的名字「奧古斯塔・維多利亞」命名。威利也在耶路

撒冷接見了猶太人領袖赫茨爾——那天威利穿著隆重的灰色軍裝，手中揮著馬鞭。

赫茨爾想得到威利的協助。處於弱勢的猶太人大多很窮，他們需要德國這樣的強權幫忙遊說，讓鄂圖曼蘇丹准許大批猶太人移居到耶路撒冷和巴勒斯坦，並保障猶太移民的安全。威利討厭猶太人，但他覺得建立猶太國應該對德國有好處，還能幫他把猶太人趕出自己的國土——儘管這是個好主意，但他當時仍有更重要的計畫要完成。既然蘇丹反對猶太人建國，他當然不能為了猶太人破壞德意志與鄂圖曼的結盟關係。許多歐洲人跟威利一樣，相信耶路撒冷可以解決他們的問題。

威利離開耶路撒冷後不久，新流言開始出現：一個愚蠢的英國貴族青年正在神聖殿堂底下挖東西——結果這不是流言，而是真的。

23
聖殿山尋寶

1911年4月，一名英國男子啓動了一項奇怪的祕密計畫：尋找兩千年來下落不明的古老聖物——約櫃！爲了尋找約櫃，他趁夜深人靜時挖掘聖殿山底部，結果導致磐石圓頂清眞寺地基不穩。這名男子是蒙塔古·帕克（Montagu Parker）船長，一名狂妄自大的英國貴族。他會踏上發現約櫃的偉大旅程，全都是因爲聽信一名芬蘭靈媒的話——這位靈媒喜歡穿著古代猶太風格長袍，並宣稱自己破解了以色列人的密碼，發現他們在西元前586年埋藏約櫃的地點。

約櫃是一只金色的櫃子，猶太人在裡面放了最重要的聖物，包括刻有十誡的石板；而且許多人認爲，約櫃具有神奇的力量。那位芬蘭靈媒對糊塗又貪婪的帕克說，如果找到約櫃，就能賺到兩億英磅。於是帕克召集了一群臭味相投的豬朋狗友，籌了一大筆用來賄賂鄂圖曼官員的資金，並買下一艘豪華帆船——睡蓮號，然後航向雅法，在那裡下船後，前往耶路撒冷。

帕克謊稱要在耶路撒冷進行考古挖掘，賄賂並安撫好當地的穆斯林和猶太人後，他和一夥人馬開始在神聖殿堂底下鑿洞。某天晚上，神聖殿堂的守衛突然出現，鬼鬼祟祟的英國人嚇了一大跳，立刻丟下挖掘工作，尖叫逃跑。那晚正值穆薩先知節（Nabi Musa，巴勒斯坦的穆斯林每年會從耶路撒冷出發，前往穆薩〔即摩西〕陵墓朝聖，爲期約一週）期間，數千名朝聖者沿著城牆紮營。消息傳開後，許多人開始往神聖殿堂的方向移動，想把帕克抓起來，因

為他們聽說他不只偷了約櫃,還偷了所羅門王的王冠!帕克好不容易才甩開到處追捕他的激動民眾,一逃出耶路撒冷,便快馬加鞭死命往雅法奔去,後來終於搭上睡蓮號脫險。在那之後,帕克又多活了五十年,雖然他一直想重回耶路撒冷尋找約櫃,但始終沒有成行。

德國皇帝威利回到歐洲後,整建了一支海軍艦隊,期望有朝一日能打敗英國海軍。1914年6月,奧地利王儲斐迪南大公遭到塞爾維亞恐怖分子暗殺,觸發了一場改變世界的大戰,耶路撒冷的命運再度來到關鍵時刻。

24
兩個承諾

耶路撒冷在第一次世界大戰期間(1914年到1917年)的統治者,是殘暴的傑馬爾(Jemal),他與另外兩位大臣並稱「三帕夏」,都是極端土耳其民族主義的支持者,不但掌控了鄂圖曼帝國,還決定跟德國結盟參加大戰。這時,巴勒斯坦、黎巴嫩、敘利亞等地的阿拉伯人正在策畫獨立運動,傑馬爾除了下令逮捕獨立運動參與者,還將他們全部送上絞刑臺,他也因此成了眾人口中的「濺血者」——當然,想獨立建國的猶太人也難逃一死。此外,三帕夏還屠殺了上百萬名亞美尼亞基督徒。

經過三年戰爭,英國和盟友法國不但精疲力盡,且死傷慘重,數百萬名年輕人在西方戰線的壕溝裡斷送性命。英國人認為,如果無法正面打擊德國,至少要能削弱鄂圖曼帝國的力量,因此他們開始找阿拉伯人及猶太人合作。首先,他們跟麥加的貴族侯賽因‧本‧阿里(Hussein bin Ali)協商——侯賽因出身穆罕默德的直系後裔哈希姆(Hashemite)家族,英國人支持他領導阿拉伯人反抗鄂圖曼帝國,但侯賽因提出的交換條件是:成功的話,整個阿拉伯地區,包括耶路撒冷在內,要全歸他統治。英國人做了個含糊其辭的承諾,然後派情報官員勞倫斯(T. E. Lawrence)去協助侯賽因。

1916年6月,侯賽因和他的兩名兒子費薩爾(Faisal)及阿布杜拉(Abdullah)在麥加發動叛變,身邊還有勞倫斯這個通曉阿拉伯語及中東歷史的英國人獻策。由於勞倫斯既有冒險精神,又策畫了駱駝兵奇襲戰術克

敵制勝，有時還會穿上華麗的阿拉伯服飾，用誇張的言行獲得關注，因此他有個綽號「阿拉伯的勞倫斯」。侯賽因自稱是阿拉伯人的國王，但英國人覺得難以接受，便設法說服他改稱號爲「漢志國王」（西阿拉伯國王）。

同時，英國首相大衛・勞合・喬治和外交大臣亞瑟・貝爾福在埃及集結了一批軍隊，準備進攻巴勒斯坦及敘利亞，而他們也跟猶太復國運動的領導人哈伊姆・魏茨曼（Chaim Weizmann）談判。魏茨曼是出生於俄國的化學家，他跟侯賽因一樣，說服英國官員許下承諾。於是，1917年11月，貝爾福在一封信件中表示，英國政府同意猶太人在巴勒斯坦建立「民族家園」，但「不得傷害既存非猶太族群的公民權與宗教自由」；換句話說，只要猶太人答應不干涉該地區占人口多數的阿拉伯人，英國認爲猶太人可以獨立建國。法國和美國也支持這份《貝爾福宣言》，但這項承諾就像英國人對阿拉伯人的承諾一樣，刻意保有一些模糊空間。英國同時答應這兩項承諾，只是因爲條件符合當時的國家利益。

在此之前，英國已經朝耶路撒冷進軍。勞合・喬治想拿下耶路撒冷，當做「獻給國家的聖誕節禮物」。1917年12月9日，具有阿拉伯貴族血統的耶路撒冷市長侯賽因・侯賽尼（Hussein al-Husseini），帶著猶太人和基督徒朋友開城向英軍投降——他揮舞綁在掃帚上的床單（因爲他們找不到其他布料做白

旗）。起先英國士兵並沒有認真看待侯賽尼市長與他手上的床單，他只好帶著床單白旗到處奔波，三次投降都遭拒；後來英軍才終於明白，他是真心想要投降。就這樣，英軍進入耶路撒冷。

戰爭又持續了一年，鄂圖曼帝國解體，威廉二世退位，德國轉型為共和體制。世界大戰終於結束了。這時，俄國也發生了革命，推翻沙皇尼古拉二世；幾個月後，列寧所領導的共產黨取得政權，成立新國家：蘇維埃俄國。

成為戰勝國的英國、法國和美國，分別給阿拉伯人和猶太人一項承諾，但這兩項承諾根本互相牴觸。此外，他們私底下打算瓜分中東地區——法國得到敘利亞和黎巴嫩，英國則拿下伊拉克與巴勒斯坦，包括位於「巴勒斯坦託管地」的耶路撒冷在內；也就是說，英國人確實如願獲得他們的「聖誕禮物」，只是，得到禮物的喜悅很快便消退。

25
英國託管時期
（極簡版）

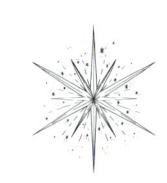

能將耶路撒冷納入管轄範圍，英國人很高興，因為這是一座具有國際聲望的城市。大約在這段期間，英國、法國、美國成立了新組織「國際聯盟」，目的是確保世界大戰不再發生。不久後，國際聯盟的五十多個成員國決議，中東地區委託英國和法國「代管」，並支持《貝爾福宣言》。當時沒有人明白，讓猶太人重返「民族家園」意味著什麼；總之，英國人似乎覺得，就算巴勒斯坦的居民以阿拉伯人為主，讓猶太人遷入不僅不會造成任何問題，還有益於大英帝國的整體發展。

溫斯頓·邱吉爾當時是英國的殖民地事務大臣，他召集了一群顧問（包括他的朋友「阿拉伯的勞倫斯」），到埃及開羅的塞米勒米斯酒店（Semiramis Hotel）開會，討論「新中東的改造計畫」。儘管哈希姆家族的侯賽因，以及他的兩個兒子阿布杜拉與費薩爾希望能統治整個阿拉伯世界，但邱吉爾決定讓費薩爾成為伊拉克國王，阿布杜拉管理巴勒斯坦託管地的東半部，也就是現在的外約旦地區，而他們的父親侯賽因繼續當漢志國王。

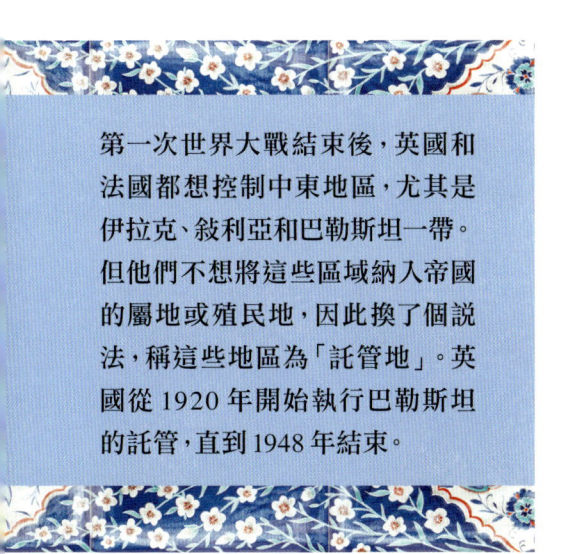

1920年代，約有十二萬猶太人陸續遷居巴勒斯坦。有人夢想有一天能建立專屬於猶太人的國家，有人則想像自己會由阿拉伯國王統治。這些猶太移民向阿拉伯地

> 第一次世界大戰結束後，英國和法國都想控制中東地區，尤其是伊拉克、敘利亞和巴勒斯坦一帶。但他們不想將這些區域納入帝國的屬地或殖民地，因此換了個說法，稱這些地區為「託管地」。英國從1920年開始執行巴勒斯坦的託管，直到1948年結束。

主購買土地，建立自己的村落與農場；但另一方面，看到猶太移民人數暴增，許多住在巴勒斯坦的阿拉伯人開始感到不安。

1920年4月的穆薩先知節，侯賽尼家族大舉安排慶祝活動。由於家族歷代都有人擔任耶路撒冷市長和**穆夫提**（穆斯林宗教領袖），於是約有六萬阿拉伯人響應，湧入耶路撒冷。城裡本來就有許多基督徒和猶太朝聖者，此時更是熱鬧非凡。侯賽尼穆夫提的弟弟阿敏·侯賽尼（Amin al-Husseini）是個極端激進派，經過他的煽動，阿拉伯朝聖者開始反覆呼喊「殺光猶太人」。當時城裡只有一百八十八名英國警察，儘管他們努力維持秩序，最後還是有五名阿拉伯人和四名猶太人遭到殺害。當時英國政府屬意的新市長人選是拉希布·那夏希比（Raghib al-Nashashibi），一個擁有許多土地的巴勒斯坦阿拉伯人，但為了安撫激進派民族主義者，他們任命阿敏·侯賽尼為穆夫提和最高穆斯林議會主席。

1929年8月，一場衝突在猶太人和穆斯林都非常重視的神聖西牆邊爆發，短暫的平靜告終。當時猶太人祈禱的西牆位於山下一塊不起眼的地方，阿拉伯穆斯林祈禱的阿克薩清真寺院區則在神聖殿堂山上，穆夫提竟要求開闢一條通道，好讓阿拉伯人能直接穿過在西牆祈禱的人群。

英國政府試圖調停兩大陣營之間的衝突。在猶太曆法中，「贖罪日」是最莊重肅穆的一天，但這一年的贖罪日前夕，侯賽尼穆夫提投訴猶太人違規在西牆邊的狹小空間放置座椅，還用簾幕區隔了男性與女性的禮拜空間。英國警察接到投訴後，立刻前往調查。

後來演變成流血衝突的這起事件，猶太人稱之為「1929年事件」，阿拉伯人則稱為「布拉克暴動」（Buraq Uprising），持續大約一週。這段期間，許多憤怒的猶太人走上耶路撒冷街頭示威，要求能在不受妨礙的情況下在西牆邊祈禱；阿拉伯人則不斷攻擊猶太人，一百三十一名猶太人因此遭到殺害，其中包括希伯崙等城市的猶太人。英國警察和軍隊

的人數儘管處於壓倒性劣勢，但他們仍強力鎮壓，殺了超過一百名阿拉伯人，另外還有些阿拉伯人遭到猶太人報復殺害。

暴動過後，新的錫安主義領導人取代了較開明的魏茨曼。其中，來自波蘭的大衛・本－古里安（David Ben-Gurion）是個頗具謀略的社會主義者，他建立了一支名叫「哈加納」（Haganah）的猶太民兵；與此同時，來自烏克蘭敖德薩的情報官員澤維・賈伯欽斯基（Ze'ev Jabotinsky）則主張，猶太人需要一道「鐵壁」，於是成立了名為「國家軍事組織」（Irgun）的武裝部隊。儘管如此，兩個族群中仍有許多人渴望和平，因此市長那夏希比和巴勒斯坦作家喬治・安東尼爾斯（George Antonius）等民族主義者，與大衛・本－古里安進行會談，雙方討論了有關巴勒斯坦的和平方案，例如獨立成兩個國家，或是讓猶太人在阿拉伯人治理的國家中自由建立農場及聚落。但沒過不久，雙方的信任破裂，侯賽尼穆夫提毫不留情地剷除溫和派的政敵，鼓吹消滅猶太人。有些猶太人還沒想到獨立建國這一步，但對許多人來說，這似乎越來越迫切，和平也似乎越來越遙不可及。

與此同時，世界開始變得黑暗。1933年，阿道夫・希特勒當選德國總理。他不但擅長操弄群眾心理，還是個狂熱的反猶太主義者，上任後很快就建立了殘酷的獨裁政權，迫害猶太人。此事加速了猶太人遷往巴勒斯坦的腳步，英國則開始加強管制猶太移民的數量。1935年11月，伊斯蘭基本教義派宣教師伊扎特・卡薩姆（Izzat al-Qassam）找了一小群極端分子，意圖發起暴動，反抗英國政府。英國當局很快就槍斃了他們，但卡薩姆的支持者在納布魯斯（Nablus）附近殺了兩名猶太人；猶太人的國家軍事組織也殺了兩名阿拉伯人以示報復。巴勒斯坦的緊張情勢再度升溫。然而，這時英國人已經打算廢止《貝爾福宣言》，讓阿拉伯人在巴勒斯坦建國，只是在事態明朗前，他們還有妥協談判的時間……

26
穆夫提的反抗

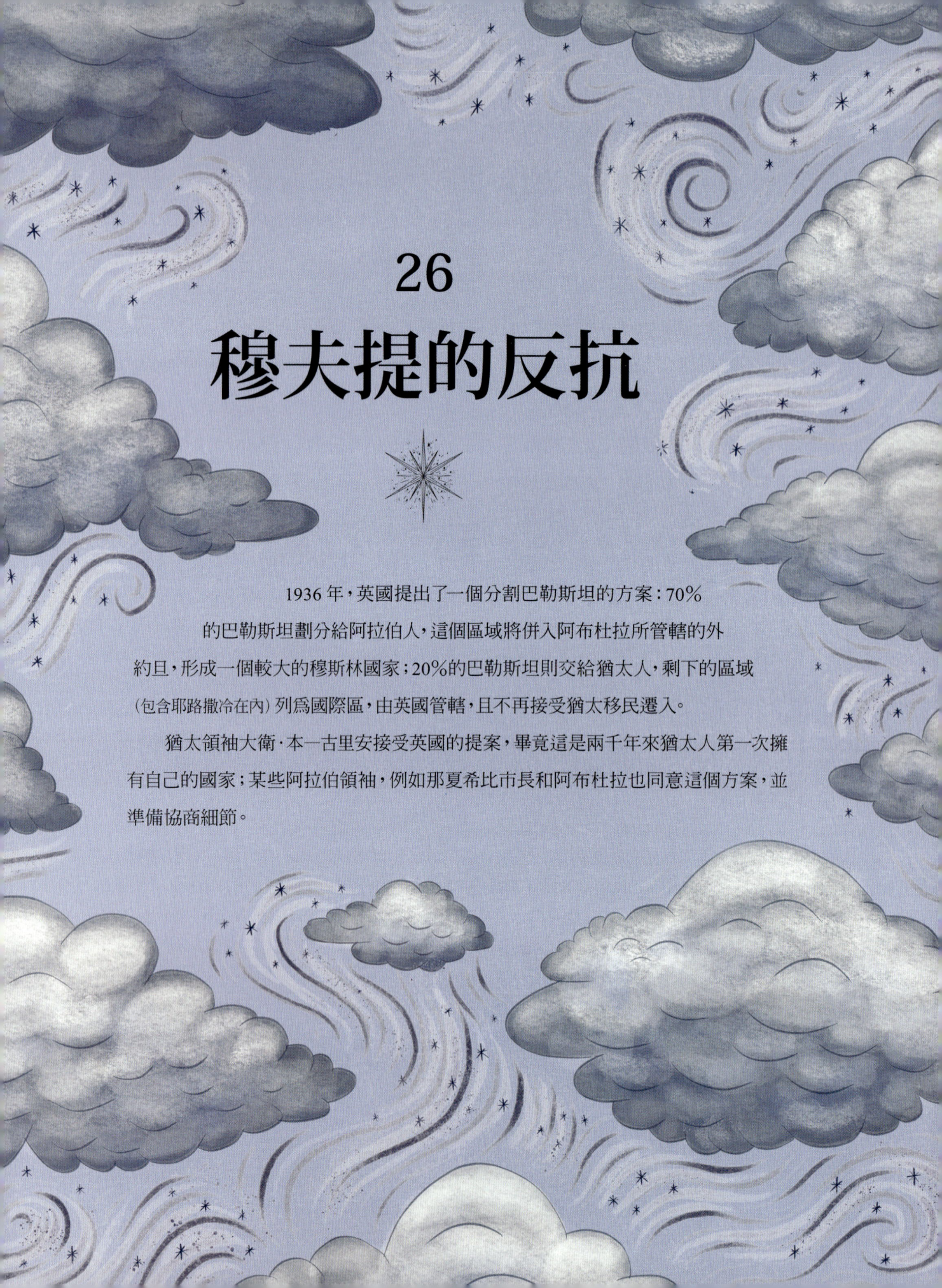

1936年，英國提出了一個分割巴勒斯坦的方案：70%的巴勒斯坦劃分給阿拉伯人，這個區域將併入阿布杜拉所管轄的外約旦，形成一個較大的穆斯林國家；20%的巴勒斯坦則交給猶太人，剩下的區域（包含耶路撒冷在內）列為國際區，由英國管轄，且不再接受猶太移民遷入。

猶太領袖大衛・本—古里安接受英國的提案，畢竟這是兩千年來猶太人第一次擁有自己的國家；某些阿拉伯領袖，例如那夏希比市長和阿布杜拉也同意這個方案，並準備協商細節。

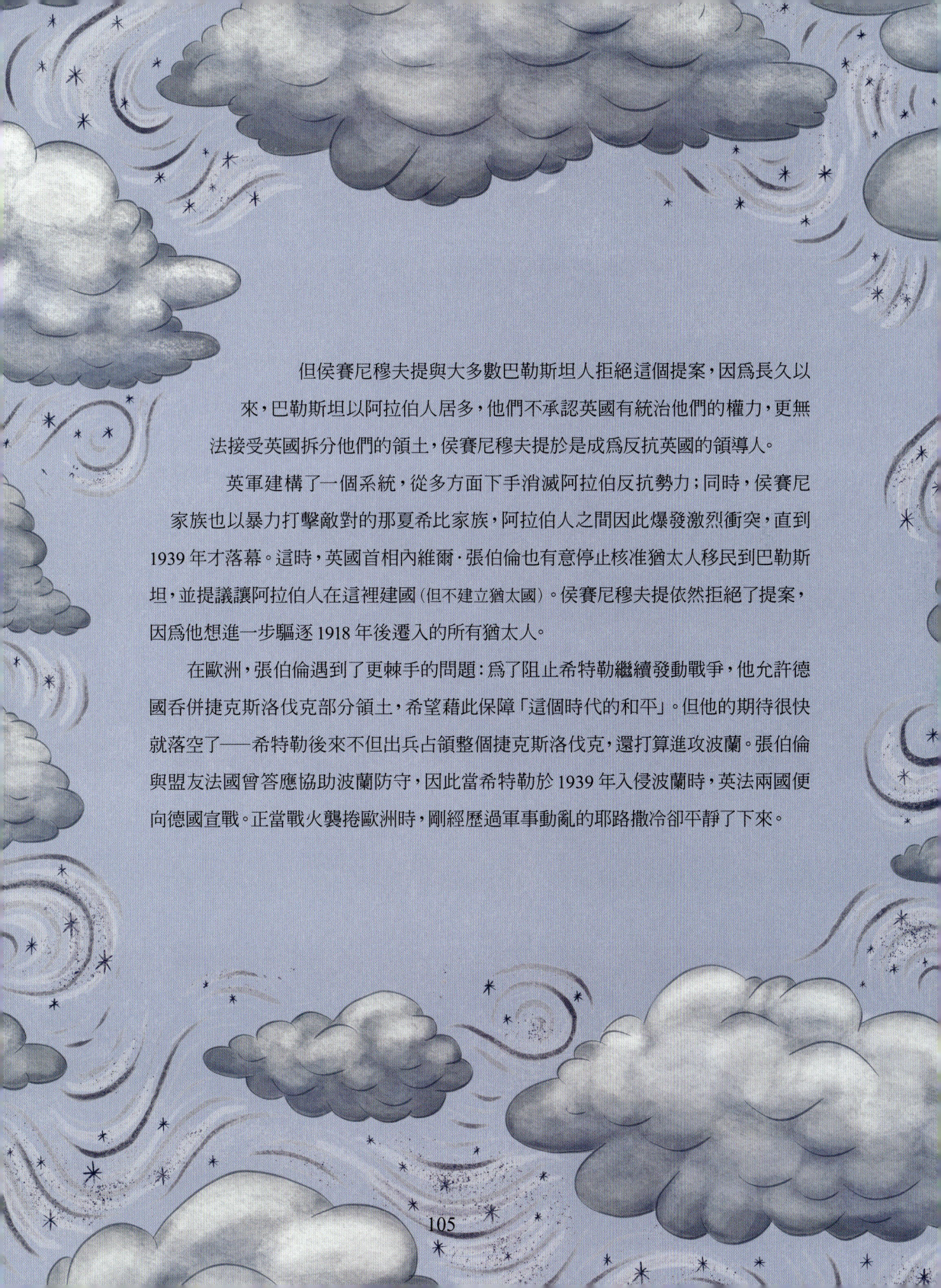

但侯賽尼穆夫提與大多數巴勒斯坦人拒絕這個提案，因為長久以來，巴勒斯坦以阿拉伯人居多，他們不承認英國有統治他們的權力，更無法接受英國拆分他們的領土，侯賽尼穆夫提於是成為反抗英國的領導人。

　　英軍建構了一個系統，從多方面下手消滅阿拉伯反抗勢力；同時，侯賽尼家族也以暴力打擊敵對的那夏希比家族，阿拉伯人之間因此爆發激烈衝突，直到1939年才落幕。這時，英國首相內維爾・張伯倫也有意停止核准猶太人移民到巴勒斯坦，並提議讓阿拉伯人在這裡建國（但不建立猶太國）。侯賽尼穆夫提依然拒絕了提案，因為他想進一步驅逐1918年後遷入的所有猶太人。

　　在歐洲，張伯倫遇到了更棘手的問題：為了阻止希特勒繼續發動戰爭，他允許德國吞併捷克斯洛伐克部分領土，希望藉此保障「這個時代的和平」。但他的期待很快就落空了──希特勒後來不但出兵占領整個捷克斯洛伐克，還打算進攻波蘭。張伯倫與盟友法國曾答應協助波蘭防守，因此當希特勒於1939年入侵波蘭時，英法兩國便向德國宣戰。正當戰火襲捲歐洲時，剛經歷過軍事動亂的耶路撒冷卻平靜了下來。

27
大明星公主

在 1940 年代初期的耶路撒冷，新落成的大衛王飯店是享樂人士的活動中心。這時的耶路撒冷如同一座眩目的奇幻劇場，無所事事的人、騙子、間諜、演員和明星都聚集在這裡，輪番上演精采戲碼。

自從衣索比亞遭到義大利侵略後，衣索比亞皇帝海爾·塞拉西（Haile Selassie）便流亡海外，這時他住在耶路撒冷。同一時期，希臘國王喬治二世、南斯拉夫國王彼得二世、還有美麗的埃及女歌手阿絲瑪罕（Asmahan）也都在這裡。阿絲瑪罕既有顛倒眾生的魅力，也有注定大紅大紫的美妙嗓音，更是一位具有多重身分的非凡人物：德魯茲公主、埃及電影明星、阿拉伯流行歌手、上流社會交際花，還有，女間諜。

第二次世界大戰期間，阿絲瑪罕成為周旋於兩國之間的雙面間諜──甚至有可能是三面間諜。她的間諜工作持續到戰爭結束前不久，當時她正好在埃及拍攝電影《愛與復仇》，但她後來沒能把電影拍完──她在拍攝休息時間開車前往曼索拉（Mansoura），半路上車子突然失控衝進尼羅河，就此香消玉殞。沒有人能確定這是意外，還是謀殺。有人說是英國人下的手，有人則認為幕後黑手是德國人或埃及情報單位。

直到現在，仍然無人知曉多才多藝的阿絲瑪罕究竟發生什麼事。

約瑟夫・史達林

殺害數百萬人民的蘇聯獨裁者,曾經協助盟軍打敗納粹德國,贊成以色列建國。

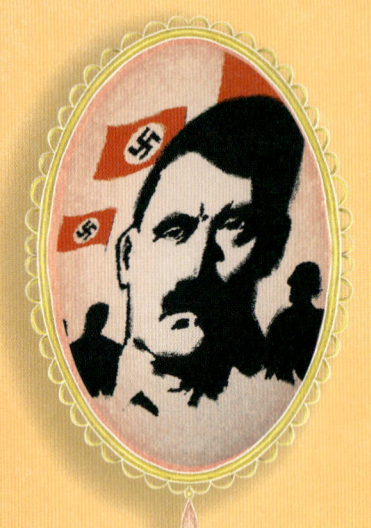

阿道夫・希特勒

納粹獨裁者,想建立一個日耳曼民族至上的帝國。為了實現目標,將歐洲捲入慘烈的世界大戰,六百萬猶太人死於他策畫的大屠殺。

第5章
三種信仰,兩個民族,一座城市
1940年至今

大衛・本—古里安

猶太政治領袖,曾領軍反抗大英帝國的統治,後來與同胞一起建立猶太共和國以色列,並成為第一任總理。

賈邁・阿布杜—納瑟

在這位埃及獨裁者的蠱惑下,阿拉伯民族主義在阿拉伯世界更加普及。

約旦國王 阿布杜拉一世

領導阿拉伯人反抗鄂圖曼帝國的哈希姆王子,後來成為約旦國王。他曾與以色列人協商巴勒斯坦問題,後來攻下耶路撒冷和約旦河西岸,將這些地方併入他的國土。

胡笙國王

約旦國王，阿布杜拉一世的孫子。他在六日戰爭中失去耶路撒冷和約旦河西岸，讓以色列人成為這些地區的新主人。

雅瑟爾・阿拉法特

有人認為他是民族鬥士，也有人認為他是恐怖分子。他讓巴勒斯坦問題引起世界關注，曾與伊札克・拉賓簽署和平協議。

伊札克・拉賓

領導六日戰爭的以色列將領，後來成為總理，曾與阿拉法特簽署和平協議。

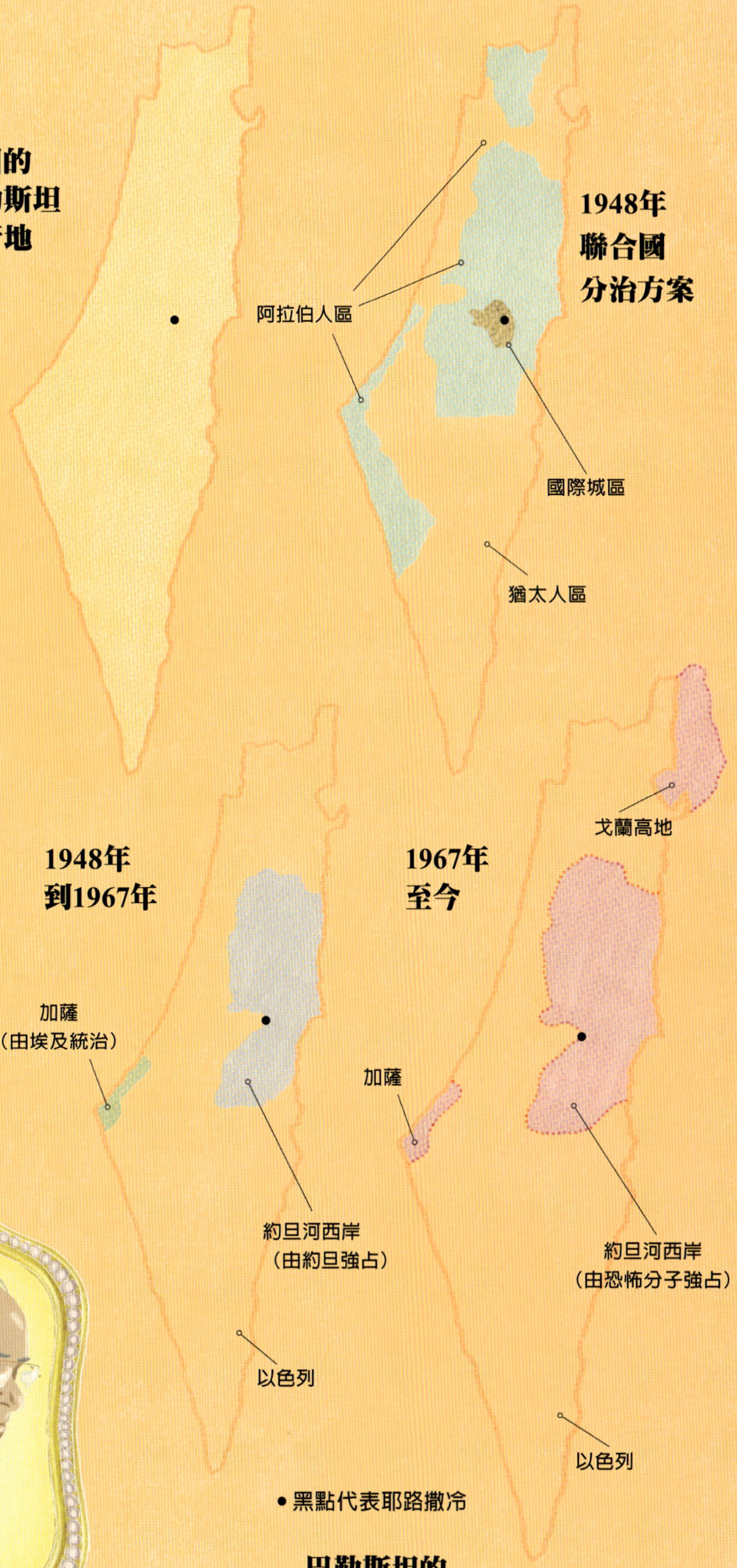

英國的巴勒斯坦託管地

1948年聯合國分治方案
- 阿拉伯人區
- 國際城區
- 猶太人區

1948年到1967年
- 加薩（由埃及統治）
- 約旦河西岸（由約旦強占）
- 以色列

1967年至今
- 戈蘭高地
- 加薩
- 約旦河西岸（由恐怖分子強占）
- 以色列

● 黑點代表耶路撒冷

巴勒斯坦的
～領土變化示意圖～

28
納粹大屠殺

希特勒輕而易舉便攻占波蘭。他希望優越的日耳曼民族能統治整個歐洲，將猶太人消滅殆盡，於是他派出特別部隊殺害猶太人——他們或是在森林裡與街上遭到槍殺，或是在被關押的地方活活餓死。到了1940年，希特勒轉身西進，擊敗法國，讓英國大為震撼。邱吉爾臨危受命接任首相，為

張伯倫收拾外交失策的殘局。英國雖然擋下德軍的攻勢，但這時歐洲大部分地區已成為希特勒的帝國版圖。1941年，希特勒對獨裁者史達林所統治的蘇維埃俄國發起閃電戰，差點攻下首都莫斯科。1942年，希特勒的大軍抵達史達林格勒（現在的伏爾加格勒），開始朝高加索地區邁進，同時，在非洲，他的部隊也正朝開羅進軍。

在耶路撒冷的猶太人完全有理由恐懼：希特勒早就決定要殺光他們，而且他看起來就快要征服全世界了。另一方面，侯賽尼穆夫提在領導抗英行動失敗後，從耶路撒冷逃到中東地區；1941年11月，侯賽尼穆夫提抵達柏林，希望爭取希特勒的支持。

1942年，希特勒下令對他所謂的「猶太人問題」執行**「最終解決方案」**：有系統地殺害所有猶太人，不分男女老少。這一切恐怖得令人難以想像，人們不得不發明新詞彙來說明這種罪行：**種族滅絕**。在槍殺一百萬名猶太人後，希特勒開始嘗試更有效率的手段，包括建立許多集中營，讓猶太女性和兒童進入偽裝成淋浴間的毒氣室，再將窒息而死的屍體燒成灰。六百萬猶太人慘遭納粹殺害，但侯賽尼穆夫提聽說希特勒的惡行後，竟表示大力支持。

值得慶幸的是，希特勒的帝國在1945

年潰敗，他在柏林的廢墟中自盡。看到有人構想出前所未見的種族滅絕計畫，企圖消滅整個猶太族群，並付諸實行，全世界震驚不已，後來也稱這起慘劇稱爲**「納粹大屠殺」**（Holocaust）。這時的英國因戰爭疲憊不堪，無心管理耶路撒冷與附近的阿拉伯地區，英國和法國扶植的阿拉伯新政權（伊拉克、約旦、敘利亞、黎巴嫩和埃及）也全都脫離他們的掌控，成爲獨立國家。但新任英國首相克萊曼・艾德禮（Clement Attlee）還是想讓阿拉伯人在巴勒斯坦建國，於是他下令遣返滿載集中營倖存者的船，阻止他們移民到夢寐以求的巴勒斯坦，卻要他們回到噩夢般的歐洲。

另一方面，在巴勒斯坦的猶太領袖大衛・本—古里安與國家軍事組織領導人梅納罕・比金（Menachem Begin）決定採取行動反抗英國，並進行一系列恐怖攻擊。英國政府下令陸軍總司令蒙哥馬利（Bernard Law Montgomery）回到耶路撒冷，殲滅猶太反抗分子。1946年7月，比金策畫的恐怖攻擊炸毀了大衛王飯店一整排房間——那裡正好是英軍司令部，九十一人因此喪生。

遠在倫敦的首相艾德禮受夠了流血衝突。他找上剛成立的國際組織**聯合國**商量，希望為巴勒斯坦問題找到解決方案。

1947年11月29日，聯合國表決通過巴勒斯坦託管地的分割方案，分別建立一個阿拉伯國家和一個猶太國家，耶路撒冷則成為國際城區，不屬於猶太人或阿拉伯人。本─古里安稱耶路撒冷是「猶太人的心臟」，失去耶路撒冷讓他很難過，但為了建立猶太共和國，他願意付出這個代價。然而侯賽尼穆夫提和大多數阿拉伯人拒絕這個提案：他們不認為聯合國有權將任何土地劃分為猶太國；更令他們不滿的是，整個巴勒斯坦地區有三分之二是阿拉伯人，但這個方案把超過一半的巴勒斯坦土地分給猶太人。

巴勒斯坦的阿拉伯人與武裝組織開始反抗。其中最廣為人知的指揮官來自有名的侯賽尼家族：阿卜杜‧卡迪爾‧侯賽尼（Abd al-Kadir Husseini）。另一方面，新獨立的阿拉伯國家也打算阻止猶太國家成立，好讓他們能把勢力擴展到巴勒斯坦：埃及國王法魯克（Farouk）想把領土延伸到巴勒斯坦南部；具有哈希姆家族血統的約旦國王阿布杜拉，則盤算著跟猶太人進行祕密協商，奪取巴勒斯坦境內的所有阿拉伯區。

大衛‧本─古里安不確定新國家的國號要用猶大還是以色列，後來他選了以色列。1948年5月15日，他興高采烈宣告一個新民主國家的誕生：以色列國。儘管有各種問題仍待解決，以色列至今仍是該地區唯一的民主國家，無論是猶太人或占總人口約20%的阿拉伯人都有投票權。第一個承認以色列的是俄國的史達林，他希望能拉攏以色列，加入蘇維埃大家庭；接著，美國總統杜魯門也承認了以色列的國家地位。

但不久後，戰火又從耶路撒冷開始爆發，並蔓延到整個巴勒斯坦：鄰近的阿拉伯國家開始圍攻以色列。當時以色列的軍隊（即「哈加納」）還很弱小；至於阿拉伯聯軍，雖然強大，將領卻沒有妥善利用他們的優勢。陷入絕境的猶太人除了在優秀將領的指揮下奮力戰鬥，還爭取到來自世界各地的援助，迅速提升兵力和武器火力。戰況越來越激烈，雙方都有殘殺平民的不良紀錄，以色列人甚至在耶路撒冷遭到圍困。

29
災難與復國：
最後的國王與以色列國

阿拉伯武裝組織遭到盟友背叛，他們的英雄阿卜杜‧卡迪爾‧侯賽尼陣亡。另一方面，以色列人打了幾個月的生存之戰，終於瓦解了埃及、伊拉克和敘利亞組成的聯軍。對以色列而言，這是榮耀的獨立戰爭，一個由聯合國起頭的國家從此站穩腳跟；但這也是巴勒斯坦人的悲劇，他們沒有得到聯合國應許的新國家，國際社會也沒有人為他們說話。從此，七十萬巴勒斯坦人成了難民，有些因戰爭逃難家園，有些遭到驅逐而流離失所。他們將這場戰爭稱為「al-Nakba」，意為「大災難」。

大約在同一時期，阿拉伯國家如伊拉克、摩洛哥，也驅逐原本住在境內的塞法迪猶太人（Sephardic Jews，主要指住在伊比利半島、地中海、中東等地的猶太人），總人數約六十萬，其中大多遷往以色列──可以說，現在的以色列人多

半是世代居住在中東地區的猶太人。

史達林資助以色列軍隊許多俄製武器，等到協商停火時，以色列占領區已遠超過聯合國原先劃定的範圍；此外，他們還控制了耶路撒冷的西半部。至於阿拉伯聯軍，只有約旦國王阿布杜拉是大贏家。他拿下原本分給巴勒斯坦人的區域、強占約旦河西岸及耶路撒冷東半部，還自封耶路撒冷國王。耶路撒冷就此分裂成兩部分：新城區在以色列境內，東部及舊城區則由阿布杜拉統治。往後近二十年裡，猶太人都不得前往西牆祈禱，許多猶太會堂都成了倉庫。不過阿布杜拉其實很樂意跟以色列和解。

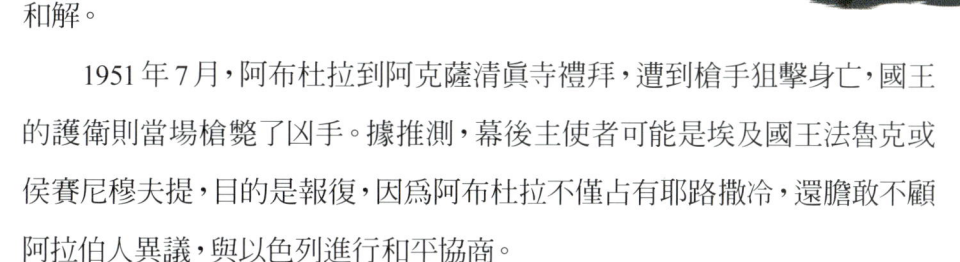

1951年7月，阿布杜拉到阿克薩清真寺禮拜，遭到槍手狙擊身亡，國王的護衛則當場槍斃了凶手。據推測，幕後主使者可能是埃及國王法魯克或侯賽尼穆夫提，目的是報復，因為阿布杜拉不僅占有耶路撒冷，還膽敢不顧阿拉伯人異議，與以色列進行和平協商。

埃及國王法魯克在巴勒斯坦只搶到一小塊長條形區域，也就是加薩，因此有很長一段時間，加薩是埃及的地盤。1952年，阿拉伯民族主義者賈邁‧阿布杜─納瑟（Gamal Abdel Nasser）推翻了法魯克，決定團結所有阿拉伯人、消滅以色列；而他確實頗具魅力，吸引了許多追隨者。不過侯賽尼穆夫提這時已經退休了，在黎巴嫩安享晚年。

數百年來，磐石圓頂清真寺的圓頂都是銀色，當阿布杜拉的孫子胡笙繼位成為國王，統治約旦、耶路撒冷和約旦河西岸時，他決定為圓頂鍍金，以彰顯他管理聖所的權力。即使到了現在，金色圓頂依然是耶路撒冷城中伊斯蘭美學的極致代表，也是聖城天際線中最顯眼的存在。

只是年輕的胡笙將是耶路撒冷最後一任國王。

30
六日戰爭以來：
以色列與巴勒斯坦的長期衝突

　　胡笙國王能活著是件幸運的事。埃及的獨裁者納瑟曾在1958年找人暗殺他，但胡笙僥倖逃過一劫。納瑟不認為胡笙有資格統治巴勒斯坦，因此在1964年成立新組織「巴勒斯坦解放組織」，宣稱代表巴勒斯坦的阿拉伯人。在那之前的1959年，一名激進青年成立了另一個更好戰的巴勒斯坦武裝組織，取名「法塔赫」（Fatah，意為征服），開始不停攻擊以色列。這個年輕人正是雅瑟爾·阿拉法特，出生於開羅，兒時曾在耶路撒冷住過一陣子，還參加過1948年的戰爭。短短不到五年，阿拉法特就接收了巴勒斯坦解放組織，成為組織領導人。

　　1967年，納瑟宣示了迅速消滅以色列的決心，他要求約旦國王胡笙到開羅會面，然後以強大的氣勢威逼矮小的胡笙：「如果我們逮捕你，會發生什麼事？」胡笙就這樣，把約旦的軍隊交給納瑟指揮；同時，埃及的盟友敘利亞也準備加入戰爭。

　　在以色列，政府高級官員眼見衝突一觸即發，個個急得像熱鍋上的螞蟻。當時的總理雷維·艾什科爾（Levi Eshkol）是位年邁的工會領袖，從未打過仗，後來任命戰爭英雄莫歇·達揚（Moshe Dayan）擔任國防部長。達揚十分愛慕虛榮，自從在二戰戰場上失去一隻眼睛後，便一直戴著有如海盜的單眼眼罩。他跟參謀總長伊札克·拉賓（Yitzhak Rabin）將軍合作，構思出一個大膽的計畫……。

1967年6月5日，以色列的戰機突襲埃及空軍，從埃及手中奪下西奈半島與加薩地區。但納瑟向胡笙國王謊稱埃及獲勝，要求他也對以色列發動攻擊。儘管以色列向胡笙保證，如果他不參戰，他們就不會將約旦捲入戰爭，但胡笙別無選擇，只能遵照埃及的指示行動。6月7日，以色列部隊一路攻進耶路撒冷舊城區，占領了聖殿山和西牆，一時之間舉國歡騰：猶太人終於又可以在西牆祈禱了，而且這是兩千年來第一次，可以毫無阻礙地自由祈禱！這麼美好的時刻，簡直就是奇蹟！以色列軍隊最後甚至攻下了約旦河西岸、打敗北邊的敘利亞，占領了戈蘭高地。

儘管這場僅僅為期六天的「六日戰爭」讓得到耶路撒冷的以色列欣喜無比，但住在約旦河西岸和加薩地區的，絕大多數是巴勒斯坦人，以色列要管理這些地方並不容易。假如以色列人能在這些地區建立一個巴勒斯坦國家，跟阿拉伯人和好；假如巴勒斯坦人認同聖地也是以色列人的家園，接受以色列人共享、共治，事情可能會好轉。偏偏雙方都陷入互相仇恨、彼此報復的惡性循環。

以色列占領約旦河西岸與加薩地區後，開始建設猶太人屯墾區，宣稱這些地方為以色列所有，激怒了巴勒斯坦人。建立這些屯墾區的猶太人中，有部分是虔誠的民族主義者，他們的動力來自信念，因為《聖經》記載：整個迦南地（即巴勒斯坦）都屬於以色列人；其他以色列人支持屯墾，則是出於國家安全考量，擔心巴勒斯坦人會造成威脅。另外還有許多以色列人反對在這裡建立屯墾區，並公開批評這個做法。同時，許多巴勒斯坦人拒絕承認以色列，認為這個新國家很快就會分崩離析，或是被鄰國消滅。

有些以色列領導人想跟阿拉伯鄰國談判，但阿拉伯人完全不肯，並計畫報復六日戰爭時受到的屈辱。1973年10月6日，埃及和敘利亞在猶太節日中最神聖的贖罪日這天，出兵入侵以色列。一開始，阿拉伯人所向披靡，遭到偷襲的以色列人驚慌失措；但他們很快就扭轉頹勢，重挫敘利亞軍隊，還越過蘇伊士運河進入埃及。1977年，在納瑟之後繼任埃及總統的安沃爾·沙達特（Anwar Sadat）特地搭機到耶路撒冷，與時任以色列總理比金和談，結果讓西奈半島重新回歸埃及。然而沙達特鼓起勇氣跟以色列和解的代價，卻是自己的性命——他在開羅閱兵時遇刺身亡。不過現在以色列跟埃及依然維持和平關係。

1987年，巴勒斯坦人自主發起武裝行動，反抗以色列的統治，阿拉伯語稱為「因提法達」（intifada，意為「起義」）。儘管這場武裝行動遭到以色列強力鎮壓，卻也將雙方帶上祕密協

商的談判桌。1993年9月，曾任軍事將領的以色列總理拉賓，以及巴勒斯坦解放組織的領導人阿拉法特，在美國白宮簽署和平協議。雙方承認彼此的權利，巴勒斯坦人在約旦河西岸、耶路撒冷北方的拉馬拉（Ramallah）建立巴勒斯坦自治政府，由阿拉法特擔任領導人。

但當時還有一些細節懸而未決，像是如何讓雙方和平共享耶路撒冷，或是如何建立巴勒斯坦國。這時，巴勒斯坦的恐怖組織哈瑪斯派出自殺炸彈客，攻擊以色列平民，阻撓和平的進程。而在希伯崙，一名猶太恐怖分子持槍掃射清真寺的朝拜者做為報復。隨後，1995年11月，拉賓遭到一名狂熱的猶太教信徒暗殺。至此，雙方再也無法互相信任。阿拉法特發起第二波因提法達，安排自殺炸彈客攻擊以色列的巴士、咖啡館、購物中心。後來以色列無視國際法，修築了一道長達七百二十公里的高牆，隔離以色列人和巴勒斯坦人，炸彈攻擊事件才大幅減少。雙方先前企圖兌現的和平已然粉碎，遭到孤立的阿拉法特則在2004年病逝。

多年來，以色列與巴勒斯坦之間的和平遲遲沒有進展，雖然偶爾看似有希望，卻從未成為現實。在這個時期，以色列的經濟儘管繁榮，安全卻始終是一大隱患；軍事力量雖然強大，卻無法（或說無心）與巴勒斯坦人尋求共識。以色列歷任政府的做法不盡相同，大約在2000年和2008年，他們曾試圖重啟和平協商，但更多時候，他們都傾向反對巴勒斯坦建國。在約旦河西岸與加薩的巴勒斯坦人，有些接受巴勒斯坦自治政府管轄，有些則由苛刻的以色列占領軍管理。

阿拉伯裔以色列人在以色列境內享有完整的公民權，包括投票權；然而約旦河西岸的巴勒斯坦人擁有的，卻是宗教狂熱且攻擊性強烈的猶太人鄰居，還有支持這些人的激進民族主義政府。無論是鄰居或政府，帶來的都只有無盡的折磨。此外，城鎮之間的檢查哨也讓巴勒斯坦人無法自由跨區活動。許多巴勒斯坦人受不了以色列的軍事占領，但這種糟糕的情況仍持續至今。

2005年，以色列從加薩撤軍，並拆遷猶太人屯墾區。2006年，哈瑪

斯在巴勒斯坦大選中成為多數黨，但他們與巴勒斯坦自治政府爆發衝突；到了2007年，他們驅逐所有政敵，在加薩地區獨攬大權。接下來的十多年裡，這個基本教義派恐怖組織不僅殘害巴勒斯坦人，也用更具殺傷力的手段攻擊以色列；當然，每次受到攻擊，以色列也會猛烈反擊。在這樣的僵局裡，平靜的對峙總是短暫，零星的槍砲聲總會出其不意響起，引發狂暴的腥風血雨，一場又一場戰爭，一場又一場殺戮，彷彿永無止境。

本書囊括了耶路撒冷三千多年的歷史，從古老的年代到千禧年後的二十一世紀。我認為，二十世紀正式出現的兩大族群——以色列人和巴勒斯坦人需要兩個並肩共存的國家。事實上，兩個族群中的大多數人都有相同的夢想，但遺憾的是，兩邊也都有一小群宗教狂熱分子想把另一邊趕盡殺絕，或是完全逐出耶路撒冷及巴勒斯坦。跟不喜歡自己的人和平共處是有可能的，但如果對方老是想殺你或無視你的存在，根本不可能和解。即使戰爭持續進行，以色列與巴勒斯坦仍會繼續存在，沒有誰能完全占上風或完全消滅對方。終止戰爭，才能讓所有人找到出路，而這本書便是為和平的夢想而生：兩個民族，兩個民主國家，攜手走向和平與繁榮。

2017年，美國認定耶路撒冷為以色列首都，但城內的猶太人與阿拉伯人之間仍有摩擦與隔閡。對世界三大宗教而言，這座城市都是神聖的存在。在眾人眼中，這裡是崇高的神壇、無價的聖杯，也是重要的標誌，凝聚了眾人對神的虔敬之心、對民族的忠誠之心，還有施展暴力的殺戮之心。在和平方案中，耶路撒冷可以成為兩個國家的首都，由兩大民族共享共治；否則，現在雙方都有宗教狂熱的基本教義派，如果任由他們輪番攻擊，這座千古之城可能會毀在他們手中。這是一座悲壯又尊貴，優雅卻動盪的城市；既是聖城，也是聖所，從以前到現在，耶路撒冷始終是世界的中心。

後記
在金黃色的晨光裡

現在,聖城裡的人依然遵行各種傳統:穆斯林看管神聖殿堂,在阿克薩清眞寺禮拜;基督徒在聖墓教堂望彌撒;猶太人和以色列人在西牆祈禱……。

每天清晨四點半,負責西牆的拉比會在他居住的猶太區醒來。他會先默默祈禱,然後走路到西牆邊,用黑色皮革繫帶在手臂及前額各綁上一只經文護符匣,並開始誦讀晨禱經文。

大約同一時間,城東的謝克雅拉區,兩名巴勒斯坦人如往常般碰面,一起穿越大馬士革門,前往聖墓教堂。他們分別來自努賽巴(Nusseibeh)和朱德赫(Judeh)家族,都是歷史悠久的世家大族:努賽巴是聖墓教堂的守護

者兼守門人，朱德赫則是教堂鑰匙的保管者。數百年前，薩拉丁任命他們的祖先擔任這兩個職位，從此代代相傳至今。抵達教堂門口後，他們會敲響加強防護的教堂大門。這時，一道小門會先打開，守在那裡的教堂司事會給他們一把梯子，努賽巴爬上梯子後，從朱德赫手中接過鑰匙，再度開啟他們前一晚八點落鎖的大門。

在城市的另一邊，安薩里（Ansari）家族的一名成員從馬木魯克大宅走出來，通過好幾道由以色列警察駐守的哨站，抵達神聖殿堂。他會提著燈，一一打開磐石圓頂清真寺的四扇大門，以及神聖殿堂的十扇大門——第一任哈里發將聖地守護人的職位指派給安薩里家族，薩拉丁也認可這個安排。此時，來自另一個古老家族卡札茲（Qazaz）的世襲宣禮員也已經起床，為接下來的喚拜工作暖身。他不必像前人那樣登上清真寺的宣禮塔，只要拿著麥克風，坐在阿克薩清真寺的某個房間裡就能開始工作。準備就緒後，他面對麥加克爾白所在的方向，從他口中傳出的宣禮詞將在耶路撒冷迴盪。

磐石圓頂清真寺的門開了，阿克薩清真寺的門開了，聖墓教堂的門也開了，西牆則始終保持開放。太陽在耶路撒冷上空冉冉升起，晨光浸染構成建築物的金黃色石灰岩磚，照得金門熠熠生輝——這道上鎖的門將維持緊閉，直到末日降臨。

詞彙解釋

巴勒斯坦（Palestine）：另有「Filistin」一字也譯為巴勒斯坦。包括耶路撒冷在內的廣大地區，別名有迦南、猶大與以色列，還有聖地。

巴勒斯坦自治政府（Palestinian Authority）：巴勒斯坦人創建於1993年的自治政府，主要管理約旦河西岸及加薩地區的事務。

巴勒斯坦解放組織（Palestinian Liberation Organization, PLO）：建立於1964年，後來成為巴勒斯坦人的官方代表。原本致力於摧毀以色列，1993年起承認以色列，並在約旦河西岸建立巴勒斯坦自治政府。

貝都因人（Bedouin）：有阿拉伯血統的遊牧民族，居住在沙漠中。

磐石圓頂清真寺（Dome of the Rock）：正式名稱是Qubbut al-Sakhra，由阿布達爾—馬立克哈里發建造於西元791年。根據記載，磐石圓頂清真寺的地基很可能就是猶太聖殿的基石，其位置很接近古聖殿中的至聖所。這裡現在是神聖殿堂（即阿克薩清真寺院區）的中心。

馬木魯克（Mamluk）：原本是信仰基督教的男童奴，多半來自巴爾幹、高加索或烏克蘭等地區，中東統治者買下他們後訓練成軍隊。有些奴兵會改信伊斯蘭教，好成為自由人或得以晉升為將領，有的甚至成為國王。

摩西五經（Torah）：《聖經》最前面的五部經書，又稱《妥拉》，是猶太教最神聖的經典。

麥加（Mecca）：伊斯蘭教的聖城，位於現在的沙烏地阿拉伯。

蒙古人（Mongolian）：來自亞洲蒙古草原，由成吉思汗統領的民族。他們建立了世界上有史以來最廣大的帝國，從東方的中國到西方的波蘭，遇到蒙古鐵騎，都只能在馬蹄下稱臣。

彌賽亞（Messiah）：猶太人傳說中的救世聖王，後來基督徒也相信其存在。

穆夫提（mufti）：原指伊斯蘭教法學者，到了現代，則成了宗教兼政治領袖。

穆斯林（Muslim）：伊斯蘭教信徒。他們以神聖的經文《古蘭經》為尊，並遵守先知穆罕默德留下的規範與教誨。目前全世界約有十九億穆斯林。

穆薩先知節（Nabi Musa）：紀念先知穆薩（即摩西）的節日，主要是住在耶路撒冷附近的巴勒斯坦人會慶祝。

復活節（Easter）：紀念耶穌基督死而復生的基督教節日。

德魯茲（Druze）：存在於以色列、巴勒斯坦、敘利亞和黎巴嫩的神祕教派，有伊斯蘭教和其

他宗教的元素，但不屬於這些宗教。

德意志帝國（Germany）：1871年時，普魯士王國統一了數百個較小的王國、公國、侯國後組成的國家。在此之前，這些國家分別由不同的國王或王公統治，未曾統一成單一國家。

東正教（Orthodoxy）：基督教的三大主要宗派之一（另外兩個是天主教和新教），其信徒主要分布於俄羅斯、東歐和中東等地區。

天主教（Catholicism）：基督教當中最大的宗派，以羅馬教宗為精神領袖。

突厥人（Turks）：從東方及中亞向西遷徙的一支遊牧民族，他們曾建立數個大帝國，最後一個是鄂圖曼土耳其帝國。

內戰（civil war）：在同一個國家裡，於不同群體之間所發生的戰爭。

拿撒勒派（Nazarene）：早期基督教的教派名稱，以紀念耶穌基督的故鄉拿撒勒。

古蘭經（Qu'ran）：伊斯蘭教的主要宗教經典，穆斯林相信，《古蘭經》內容是阿拉啟發先知穆罕默德的重要訓示。

國家軍事組織（Irgun）：猶太人的武裝部隊，成軍於英國託管巴勒斯坦時期，目的是反抗英國統治者。

克爾白（Kaaba）：麥加的神聖長方形建築，其中包含一塊神聖的黑石（很有可能是隕石）。

凱旋式（triumph）：羅馬將帥取得軍事勝利後舉行的慶祝儀式。

哈瑪斯（Hamas）：統治加薩的極端伊斯蘭主義恐怖組織，致力於毀滅以色列。

哈里發（caliph）：先知穆罕默德的繼承者。

哈加納（Haganah）：猶太人在建國前就成立的武裝部隊，目的是保衛巴勒斯坦的猶太人；建國後則成為以色列國防軍。

哈希姆家族（Hashemite）：古萊什族是知名的阿拉伯部族，哈希姆家族是其中一個分支，傳承了哈希姆及先知穆罕默德的血脈。在二十世紀，哈希姆家族曾擔任敘利亞及伊拉克國王，現在他們依然是約旦的統治者。

基督徒（Christian）：基督教的信眾就是基督徒。這個宗教以耶穌基督的使命和教誨為其教義基礎。耶穌出生於猶大王國，在西元37年左右被釘死在耶路撒冷的十字架上。目前全世界的基督徒有二十四億人。

先知（prophet）：能直接與神溝通，並傳達神聖旨意的宗教導師、神祕主義者或宗教領袖。

祆教（Zoroastrianism）：波斯帝國信奉的古老宗教，由瑣羅亞斯德創立，認為世界由兩股互相衝突的力量組成：代表善的光明，以及代表惡的黑暗。

西牆（the Wall）：希伯來文稱為「ha-Kotel」，是猶太人心目中最神聖的地方。在大希律王建

造的猶太聖殿中，這裡是聖殿西牆的一部分。

新教（Protestantism）：基督教三大宗派之一，在宗教改革後興起，追求以《聖經》為主的信仰，希望藉由研讀《聖經》建立與上帝對話的管道。

錫安主義（Zionism）：耶路撒冷有部分城區位於錫安山上，因此有時也用錫安山來代稱耶路撒冷，猶太民族主義運動也以錫安為名。以色列建國後，錫安主義運動算是大功告成。

至聖所（Holy of Holies）：猶太聖殿中央最神聖的區域。

枝狀大燭臺（candelabra）：猶太聖殿的至聖所中，有一座具有七個分枝的大燭臺，又稱為金燈臺（menorah）。

殖民地（colony）：字源為拉丁文「colonia」，意指農民在外國建立的耕作區或聚落。現在，如果有帝國憑藉著強大勢力征服一個境外地區，並派本國人去管理，那個新征服的地區就可以定義為殖民地。

朝聖者（pilgrim）：為了宗教相關理由前往聖地或聖城旅行的人。

十字軍東征（the Crusades）：由歐洲基督徒發起的聖戰，目的是解放被穆斯林占領的耶路撒冷。從1099年開始到1291年結束，共發起了八次東征。第一次的戰果最豐碩，征服的區域除了耶路撒冷，還包括現今的以色列、巴勒斯坦、黎巴嫩、約旦和敘利亞等地，並建立耶路撒冷王國，但只維持了八十八年。

十二門徒（Twelve Apostles）：耶穌基督最親近的門徒。

沙阿（shah）：對波斯君王的稱呼。

沙皇（tsar）：沙皇是皇帝的意思。1547年到1917年間，俄羅斯由沙皇統治。

神聖殿堂（al-Haram al-Sharif）：一處神聖的信仰中心，猶太人稱為聖殿山，阿拉伯人稱為神聖殿堂或是阿克薩清真寺院區。

聖墓教堂（Church of the Holy Sepulchre）：所在地即為過去耶穌基督被釘十字架及埋葬的地方。

聖地（Holy Land）：過去稱為「迦南」，耶路撒冷也包含在其中。這裡對猶太人、穆斯林和基督徒而言都非常神聖。

聖殿山（Temple Mount）：猶太人與基督徒對神聖信仰中心的稱呼，希伯來文是「Har Habayit」，其他常見名稱還包括摩利亞山、錫安山。西元前1000年到西元70年間，這裡是猶太聖殿所在之地。自七世紀以來，這裡矗立著伊斯蘭教的磐石圓頂清真寺和阿克薩清真寺。穆斯林稱此處為神聖殿堂，也就是阿拉伯文的「al-Haram al-Sharif」。

聖所（al-Quds）：阿拉伯人對耶路撒冷的稱呼，意思是「神聖的所在」。

聖物（relics）：因聖人曾擁有或接觸過而備受尊崇的神聖物件。

贖罪日（Yom Kippur）：猶太曆法中最神聖的節日。依照傳統，猶太人會在這天齋戒。

宗教改革（Reformation）：最早發生於十六世紀初期，主要是為了抗議教宗及天主教教會的腐敗，後來演變為新教徒除去天主教儀式及教條的改革運動。

塞法迪猶太人（Sephardic）：「塞法迪」源自希伯來文「Sepharad」，意思是西班牙，而塞法迪猶太人則是指住在伊比利半島、地中海、中東等地的猶太人，或是從以上地區移居到其他地方的猶太人。有很長一段時間，塞法迪猶太人是世界上最大的猶太人群體。

阿克薩清真寺（al-Aqsa mosque）：於七世紀建成，位於神聖殿堂。在更久遠的年代，那裡佇立著猶太聖殿。

鄂圖曼家族（Ottomans）：建立廣大帝國的突厥戰士家族，帝國版圖以當今的土耳其為中心，向西往巴爾幹半島的塞爾維亞、阿爾巴尼亞延伸，向東則拓展到現在的伊拉克。鄂圖曼帝國維持了五百年之久。

安息日（Sabbath）：對猶太教徒來說，安息日是指星期五日落之後到星期六的日落時分；基督徒的安息日則通常是星期日。穆斯林沒有過安息日的傳統，但他們會在星期五（主麻日，Jumu'ah）中午聚集禮拜。

異教徒（pagan）：尊崇多種神祇的人，跟信仰一神的猶太人、基督徒及穆斯林不同。

以色列（Israel）：古代猶太王國與現代猶太共和國的名稱。

猶大（Judah/Judea）：在不同時期由大衛王、馬加比和大希律王等王族建立的古代猶太王國，並都以耶路撒冷為首都。「猶太」一詞乃是從猶大演變而來。

猶太人（Jew/Jewish）：是信奉民族宗教猶太教的族群。在《舊約聖經》的時代，他們的先祖以色列人居住在迦南（當時有猶大與以色列兩個王國），並在耶路撒冷的聖殿敬拜神。猶太宗教、族群和文化互相關聯，不可分割。現在全世界的猶太人約有一千五百七十萬人。

外約旦地區（Transjordan）：英國巴勒斯坦託管地的東部，後來分配給阿布杜拉王子建立王國。阿布杜拉的家族至今仍是這個地區的統治者，現在這裡稱為約旦。

踰越節（Passover）：慶祝以色列人逃離埃及人奴役的猶太節日。

踰越節晚餐（seder）：猶太人慶祝踰越節的晚餐。

致謝

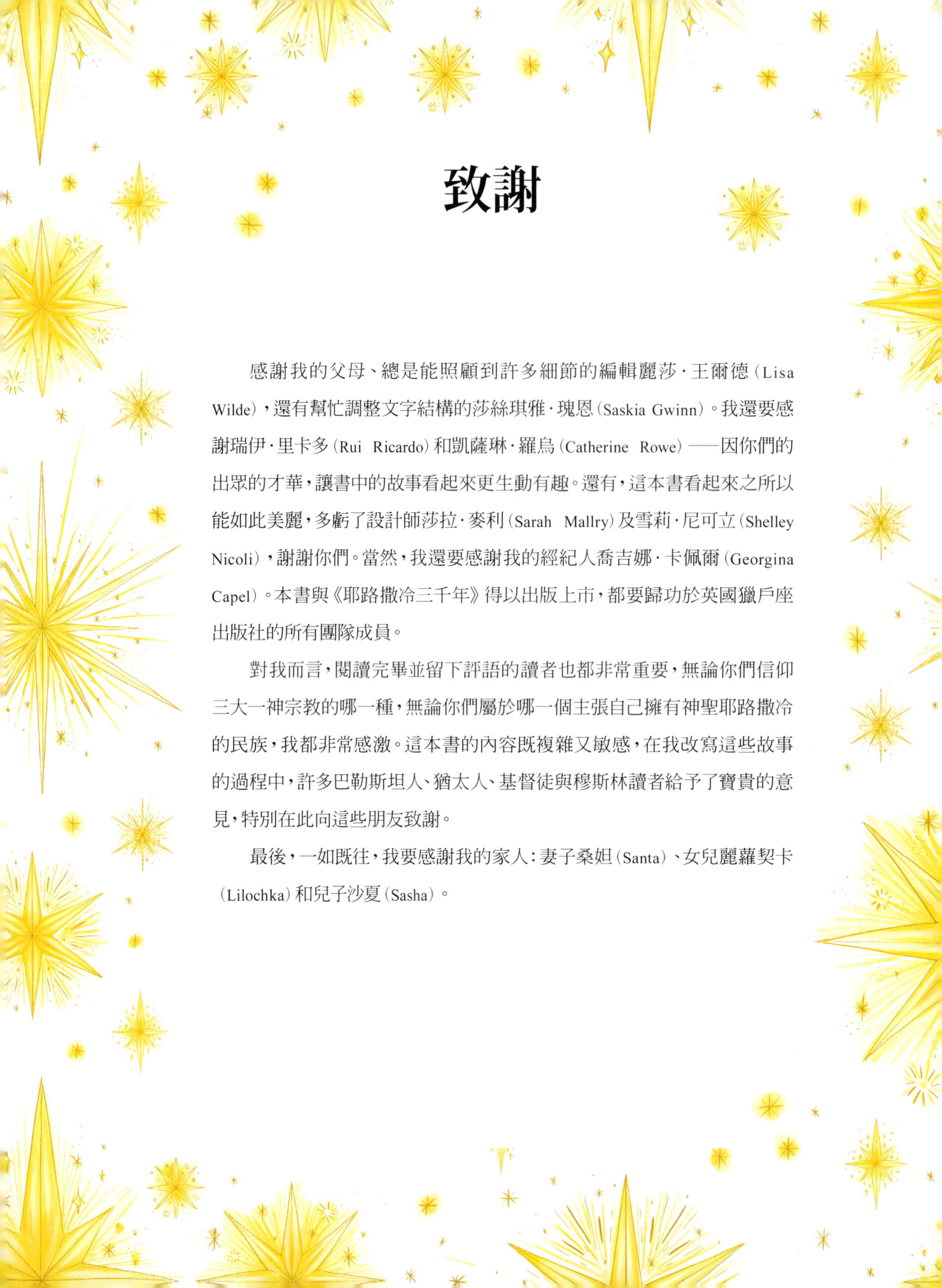

感謝我的父母、總是能照顧到許多細節的編輯麗莎‧王爾德（Lisa Wilde），還有幫忙調整文字結構的莎絲琪雅‧瑰恩（Saskia Gwinn）。我還要感謝瑞伊‧里卡多（Rui Ricardo）和凱薩琳‧羅烏（Catherine Rowe）──因你們的出眾的才華，讓書中的故事看起來更生動有趣。還有，這本書看起來之所以能如此美麗，多虧了設計師莎拉‧麥利（Sarah Mallry）及雪莉‧尼可立（Shelley Nicoli），謝謝你們。當然，我還要感謝我的經紀人喬吉娜‧卡佩爾（Georgina Capel）。本書與《耶路撒冷三千年》得以出版上市，都要歸功於英國獵戶座出版社的所有團隊成員。

對我而言，閱讀完畢並留下評語的讀者也都非常重要，無論你們信仰三大一神宗教的哪一種，無論你們屬於哪一個主張自己擁有神聖耶路撒冷的民族，我都非常感激。這本書的內容既複雜又敏感，在我改寫這些故事的過程中，許多巴勒斯坦人、猶太人、基督徒與穆斯林讀者給予了寶貴的意見，特別在此向這些朋友致謝。

最後，一如既往，我要感謝我的家人：妻子桑姐（Santa）、女兒麗蘿契卡（Lilochka）和兒子沙夏（Sasha）。

作者簡介

賽門・蒙提費歐里（Simon Sebag Montefiore）

劍橋大學歷史博士，暢銷歷史與小說作家，其著作曾獲多項國際大獎，並已譯為48種語言在全球出版。

尤其是暢銷全球的《耶路撒冷三千年》。他運用新檔案資料、當前的學術成果、自己家族的文件，以及花費一輩子的時間進行研究，完成了這部驚人的歷史巨著。曾獲柯林頓2011年度選書、《經濟學人》2011年度最佳圖書，連季辛吉都為這本書寫了推薦。

為了讓更多人能用更短的時間理解耶路撒冷，他親自操刀改寫，完成了這本尚未出版就備受矚目的《耶路撒冷三千年【精華改寫×全彩插畫】：改變世界的30個關鍵瞬間》。

據《新聞週刊》所述，他能將卷帙浩繁的歷史書籍寫成引人入勝的作品；他知道該怎麼做才能讓歷史變得淺顯易懂；他的博學與睿智使人忍不住向美國國務卿推薦，聘請他擔任幕僚。

他的《凱薩琳大帝與波騰金》曾入圍薩繆爾・強森獎、杜夫・庫伯獎與瑪許傳記獎最後決選名單；《史達林：紅色沙皇的宮廷》榮獲英國圖書獎年度歷史書獎；《青年史達林》贏得英國柯斯達傳記獎、美國《洛杉磯時報》傳記類圖書獎、法國政治傳記大獎與奧地利克萊斯基政治文學獎；並寫過一部小說《薩申卡》。

他也為BBC撰寫並主持了五部電視紀錄片，講述有關伊斯坦堡、耶路撒冷、羅馬、西班牙和維也納的歷史。

身為皇家文學學會會員的他，現與妻子及兩名子女住在倫敦。

繪者簡介

瑞伊・里卡多 Rui Ricardo

插畫家，出生並居住在葡萄牙波爾圖。他曾修讀美術與平面設計，在擔任電影與電視動畫師及動作設計師數年後，獨立成為自由插畫家，至今已超過15年。往來的客戶包括企鵝出版集團、《君子》雜誌、《紐約時報》、英國《每日電訊報》等。

凱薩琳・羅烏 Catherine Rowe

設計師，畢業於劍橋藝術學院，作品以奢華感著稱。其靈感主要來自對大自然和野生動物的熱愛，並融合傳統與現代風格。2018年，她在英國百年老店利柏提百貨年度徵件競賽中脫穎而出，隔年推出其獲獎設計「Palace Gardens」，從此事業蒸蒸日上。往來的客戶包括Anthropologie、Museums & Galleries等服飾品牌、Chicken House Books、邁克・歐馬拉圖書公司（Michael O'Mara Books）、英國文具連鎖店Paperchase、英國國民信託（The National Trust）等。

譯者簡介

徐彩嫦

政治大學英國語文學系畢。現在每天與文字之靈合作，探索、傳達世界與人性的複雜。

歡迎賜教：itzelth936@protonmail.com

國家圖書館出版品預行編目資料

耶路撒冷三千年【精華改寫×全彩插畫】：改變世界的30個關鍵瞬間
／賽門・蒙提費歐里（Simon Sebag Montefiore）著；徐彩嫦譯
--初版--臺北市：究竟出版社股份有限公司，2025.09
128面；21×26.8公分--（歷史：88）
譯自：Jerusalem : the city that changed the world

ISBN 978-986-137-491-8（精裝）
1.CST：歷史 2.CST：耶路撒冷

735.371　　　　　　　　　　　　　　　　　　　114009591

Eurasian Publishing Group 圓神出版事業機構　究竟出版社 Athena Press

www.booklife.com.tw　　　　　　　　reader@mail.eurasian.com.tw

歷史 088

耶路撒冷三千年【精華改寫×全彩插畫】
──改變世界的30個關鍵瞬間

作　　者／賽門・蒙提費歐里（Simon Sebag Montefiore）
繪　　者／瑞伊・里卡多（Rui Ricardo）、凱薩琳・羅烏（Catherine Rowe）
譯　　者／徐彩嫦
發 行 人／簡志忠
出 版 者／究竟出版社股份有限公司
地　　址／臺北市南京東路四段50號6樓之1
電　　話／（02）2579-6600・2579-8800・2570-3939
傳　　真／（02）2579-0338・2577-3220・2570-3636
副 社 長／陳秋月
副總編輯／賴良珠
責任編輯／林雅萩
校　　對／林雅萩・歐玟秀
美術編輯／林雅錚
行銷企畫／陳禹伶・鄭曉薇
印務統籌／劉鳳剛・高榮祥
監　　印／高榮祥
排　　版／陳采淇
經 銷 商／叩應股份有限公司
郵撥帳號／18707239
法律顧問／圓神出版事業機構法律顧問　蕭雄淋律師
印　　刷／國碩有限公司

2025年9月 初版

First published in Great Britain in 2025 by Hodder Children's Books
Text copyright © Simon Sebag Montefiore, 2025
Scenic illustration copyright © Rui Ricardo, 2025
Decorative illustration copyright © Catherine Rowe, 2025
Complex Chinese rights arranged through CA-LINK International LLC (www.ca-link.cn)
Complex Chinese copyright © 2025 by Athena Press,
an imprint of EURASIAN PUBLISHING GROUP
All rights reserved.

定價 460元　　ISBN 978-986-137-491-8　　版權所有・翻印必究
◎本書如有缺頁、破損、裝訂錯誤，請寄回本公司調換　　Printed in Taiwan